TRANSFORMATION AND SHARING

转型与共享

周高云　齐建朋 著

经济管理出版社

图书在版编目（CIP）数据

转型与共享/周高云，齐建朋著. —北京：经济管理出版社，2018.5
ISBN 978-7-5096-5790-4

Ⅰ.①转… Ⅱ.①周… ②齐… Ⅲ.①企业发展—研究 Ⅳ.①F272.1

中国版本图书馆 CIP 数据核字（2018）第 096839 号

组稿编辑：张莉琼
责任编辑：张　艳　张莉琼
责任印制：司东翔
责任校对：陈　颖

出版发行：经济管理出版社
（北京市海淀区北蜂窝 8 号中雅大厦 A 座 11 层　100038）

网　　址：	www.E-mp.com.cn
电　　话：	（010）51915602
印　　刷：	三河市延风印装有限公司
经　　销：	新华书店
开　　本：	710mm×1000mm /16
印　　张：	15.5
字　　数：	221 千字
版　　次：	2018 年 6 月第 1 版　2018 年 6 月第 1 次印刷
书　　号：	ISBN 978-7-5096-5790-4
定　　价：	45.00 元

·版权所有　翻印必究·

凡购本社图书，如有印装错误，由本社读者服务部负责调换。

联系地址：北京阜外月坛北小街 2 号
电话：（010）68022974　邮编：100836

微谷营销
WEIGU MARKETING
招商·孵化·培训

微谷盈销 企业转型全景思维导图
（企业、微商、代理、零售）

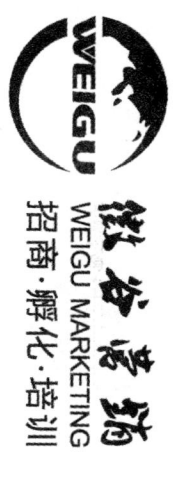

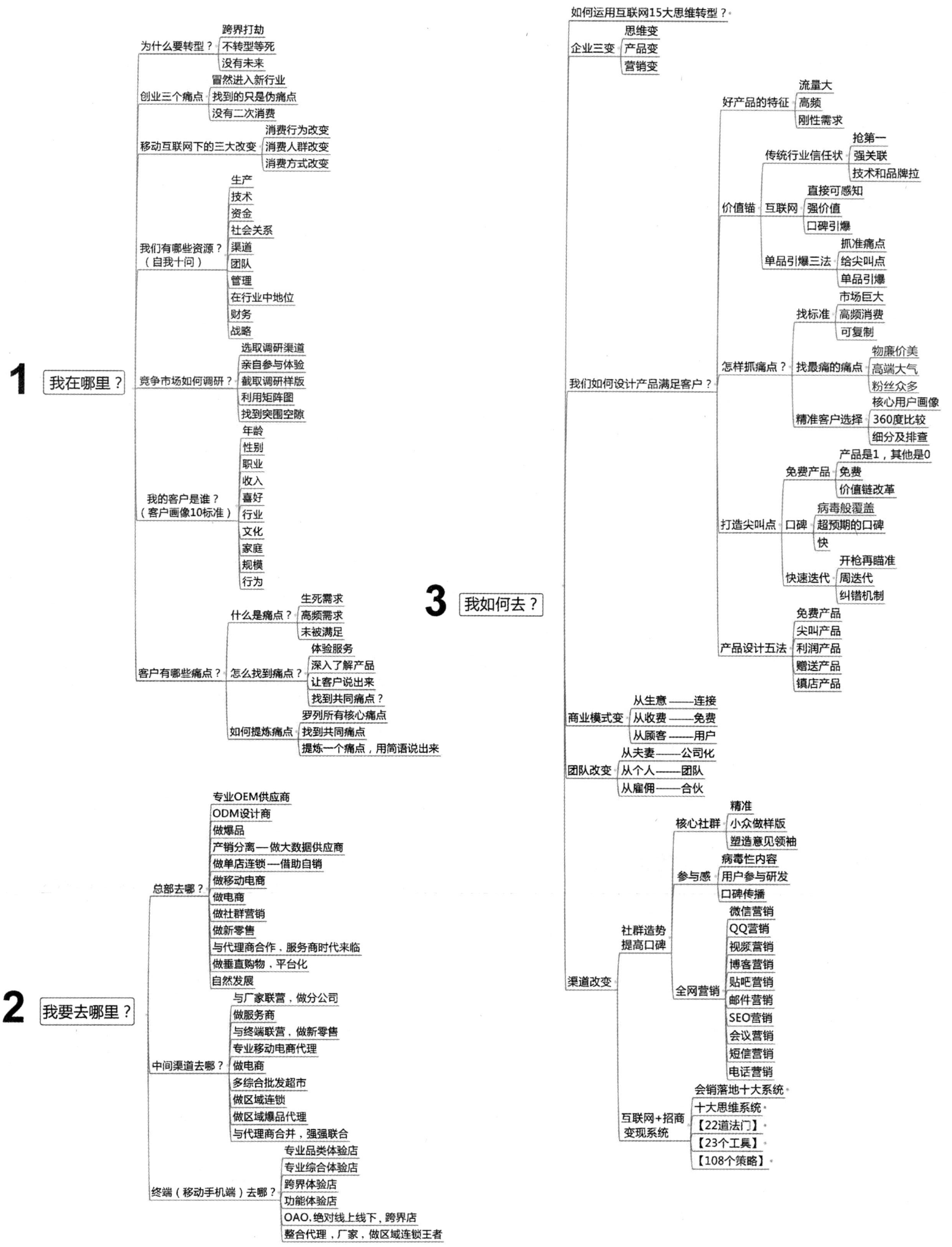

前言
preface

穷则变,变则通,通则久。

互联网时代的到来,带来了实体店的关门潮,看着网络上一则则关于实体店的关门信息,着实令人觉得可惜。可是,在我们为这些辛苦打拼的实体店老板叫苦的时候,更要为他们的思维僵化而叹息。互联网思维是一种时代转型的信号,传统企业必须勇敢地面对这种冲击。

作为企业的经营者和管理者,总的目标就是,通过自己的努力,让传统行业的店铺获得高利润,让企业获得长远发展。可是,现实情况呢?逃跑者有之,放弃者有之,对互联网嗤之以鼻者有之……传统行业出现的"滑铁卢"更应该让我们警醒:不转型,必被淘汰。

《周易·系辞下传》有言:"穷则变,变则通,通则久。"意思就是,事物一旦发展到极限,就要改变,改变就能通达,通达就能保持得长久。互联网时代,传统企业走入了死胡同,只有主动寻求改变,积极转型,才能改变现状,获得新的发展机遇。

移动互联网时代,消费者的行为和消费方式都发生了根本性改变,如不随机而动,不改变经营模式,企业的发展必然会受阻。任何商品和服务的出现,都是以满足消费者的需求为导向的,不跟着消费者变,发展也就无从谈起了。那么,传统企业该如何转型呢?本书中,笔者以"我在哪儿""我要去哪儿""我如何去"为立足点分别进行分析,给我们提供了参考答案。

"我在哪儿",首先给我们分析了传统企业需要转型的原因、消费者的变化,之后明确了一点:要想成功转型,就要从自身做起,比如,要了解自己有哪些可利用的资源、进行有效的市场调研、正确给客户画像、找到客户的痛点等。"我要去哪儿"分别从总部、中间渠道和终端分析,指出了企业转型的方向。而"我如何去"则告诉我们,要想成功实现转型,就要从思维、产品和营销三方面做出改变。

"互联网+转型",企业必须要标本兼治,从标上理,本上治,着手眼前,谋略未来。"标"的问题,就是当下的问题,就是迅速解决企业或新零售遇到的流量、库存、变现、团队的问题,这里可以通过微谷营销的《业绩核暴力》——引流班、截流班、回流班解决;"本"就是从思维(顶层设计)、产品(服务)、营销(渠道)方面来解决,解决方案就是《业绩核暴力》——顶层设计班。

很多老板肩上"扛"着过去生了"锈"的而且"锈"得很严重的脑袋,在互联网时代下,如此经营是没有未来的!

"拿着旧地图,找不到新大陆",共享系统教父周高云老师如是说。

"企业转型的第一步就是解决企业资金链问题",销售战神齐建朋老师分析道。

在我们看来,主动变革比创业本身更需要勇气,在这次浪潮的冲击下,如果不想让自己被淘汰,就要掌握转型的脉搏,让自己来一次华丽的大转身。

目录
catalog

上篇　转型与共享之"我在哪里"

第一章　为什么要转型 ……………………………………………… 3
　一、跨界打劫 ………………………………………………………… 3
　二、不转型只能等死 ………………………………………………… 7
　三、没有未来 ………………………………………………………… 12

第二章　创业的痛点 …………………………………………………… 14
　一、贸然进入新行业 ………………………………………………… 14
　二、找到的只有伪痛点 ……………………………………………… 15
　三、没有第二次消费 ………………………………………………… 17

第三章　移动互联网下的三大改变 ………………………………… 20
　一、消费行为改变 …………………………………………………… 20
　二、消费人群改变 …………………………………………………… 23
　三、消费方式改变 …………………………………………………… 26

第四章　自我十问：我们有哪些资源 ············ 28
一、生产 ············ 28
二、技术 ············ 30
三、资金 ············ 35
四、社会关系 ············ 37
五、渠道 ············ 39
六、团队 ············ 40
七、管理 ············ 42
八、行业地位 ············ 45
九、财务 ············ 47
十、战略 ············ 49

第五章　竞争市场如何调研 ············ 52
一、选取调研渠道 ············ 52
二、获取调研样本 ············ 54
三、利用矩阵图 ············ 56
四、九格图 ············ 57
五、找到突围空隙 ············ 58

第六章　客户画像 10 标准 ············ 59
一、年龄 ············ 59
二、性别 ············ 63
三、职业 ············ 64
四、收入 ············ 66
五、喜好 ············ 68

六、气质 ·· 69

　　七、文化 ·· 70

　　八、家庭 ·· 71

　　九、能力 ·· 72

　　十、性格 ·· 73

第七章　客户有哪些痛点 ································ 76

　　一、什么是痛点 ···································· 76

　　二、怎么找到痛点 ·································· 79

　　三、如何提炼痛点 ·································· 81

中篇　转型与共享之"我要去哪儿"

第八章　总部去哪儿 ···································· 87

　　一、做爆品 ······································ 87

　　二、产销分离——做大数据供应商 ······················ 91

　　三、做移动电商 ···································· 93

　　四、做电商 ······································ 100

　　五、做社群营销 ···································· 102

　　六、做新零售 ····································· 108

第九章　中间渠道去哪儿 ································ 112

　　一、与厂家联营，做分公司 ···························· 112

　　二、做服务商 ····································· 116

　　三、专业移动电商代理 ······························· 117

　　四、做区域爆品代理 ································ 119

五、与代理商合作，强强联合 ……………………………………… 120

第十章　终端（移动手机端）去哪儿 …………………………… 124
　　一、跨界体验店 …………………………………………………… 124
　　二、功能体验店 …………………………………………………… 126
　　三、OAO绝对线上线下，跨界店 ………………………………… 129

下篇　转型与共享之"我如何去"

第十一章　思维变 ……………………………………………………… 135
　　一、用户思维 ……………………………………………………… 135
　　二、平台思维 ……………………………………………………… 137
　　三、流量思维 ……………………………………………………… 141

第十二章　产品变 ……………………………………………………… 144
　　一、单品引爆 ……………………………………………………… 144
　　二、定价思维 ……………………………………………………… 149
　　三、爆品思维 ……………………………………………………… 152

第十三章　营销变 ……………………………………………………… 157
　　一、改变商业模式 ………………………………………………… 157
　　二、改变团队 ……………………………………………………… 161
　　三、渠道转型 ……………………………………………………… 165

第十四章　移动互联网下如何创业 …………………………………… 168
　　一、简单的，才是最好的 ………………………………………… 168

二、没有粉丝，必死无疑 …………………………………… 172

三、注重客户心智，而非竞争对手 …………………………… 175

四、给用户创造极致的产品和服务体验 ……………………… 178

五、掌握营销神器——大数据营销 …………………………… 181

附 录 ………………………………………………………… 184

一、转型思维框架图 …………………………………………… 184

二、转型爆品战略图 …………………………………………… 184

三、书本中符号汇总 …………………………………………… 185

四、书本中重要观点和作者语录汇总 ………………………… 186

五、移动电商（微商）运营系统规划表 ……………………… 188

六、新移动电商（微商）六脉神剑 …………………………… 196

七、移动电商（新零售）小白蜕变大咖——培训的葵花宝典 …… 197

八、转型与共享成功的案例汇总 ……………………………… 201

九、相关企业家及企业情况简要介绍 ………………………… 205

后 记 ………………………………………………………… 228

上 篇
转型与共享之"我在哪里"

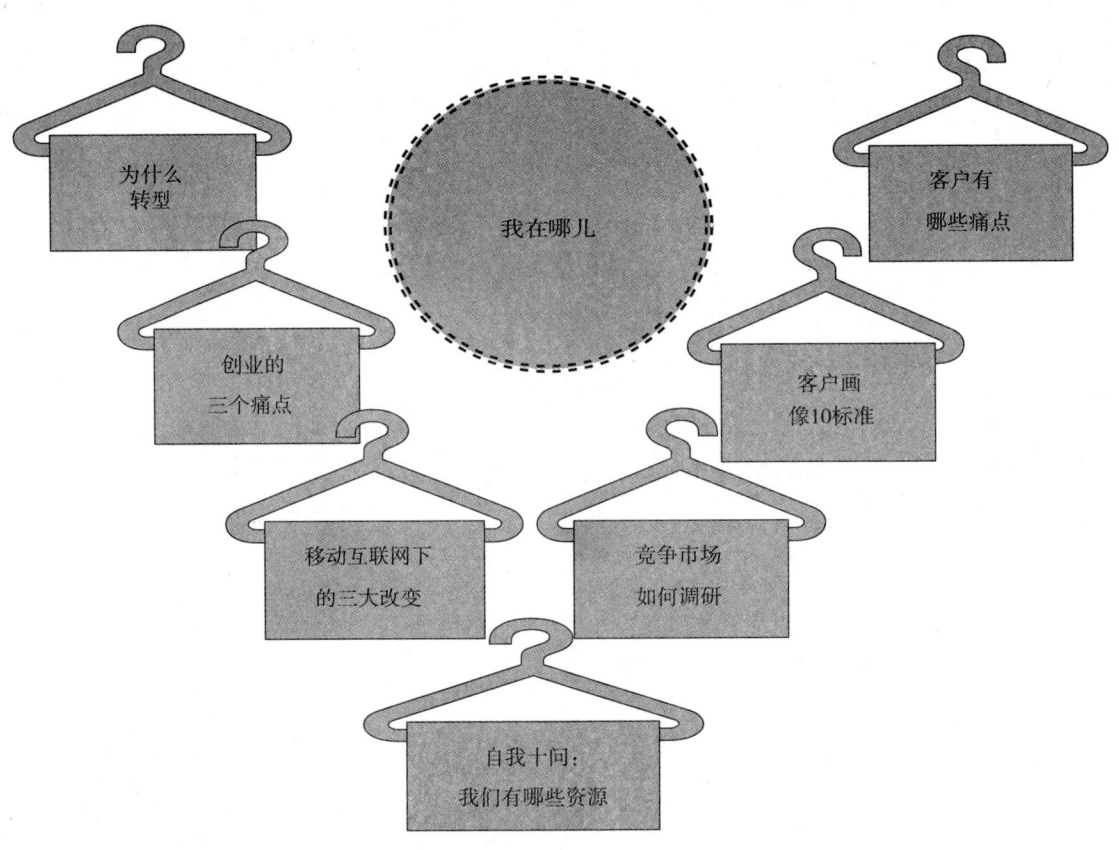

第一章　为什么要转型

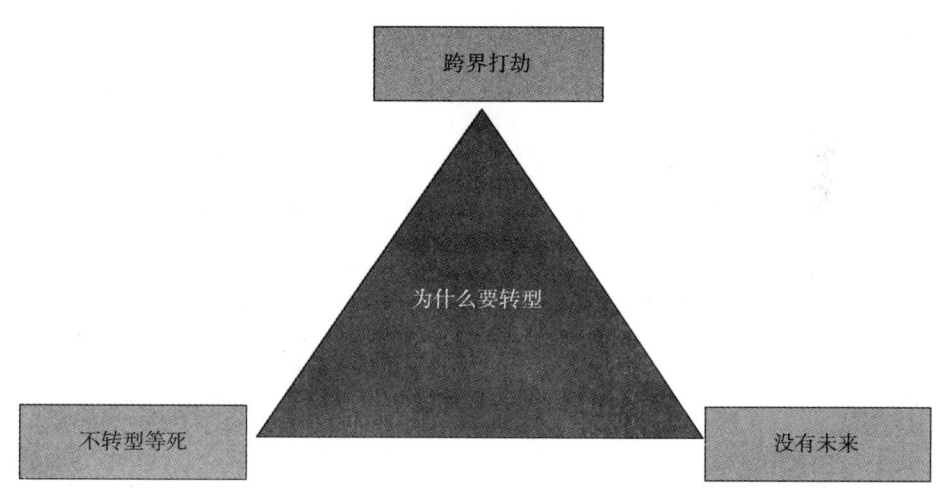

一、跨界打劫

在互联网时代，别说不学习，即使是学得慢一点，也可能被淘汰出局。

互联网时代，是一个资源整合的时代，不跨界，企业也就没有了发展可言。

1. 移动互联时代，是一个跨界整合的时代

如今，各行业间的竞争日益激烈，一场跨界抢占市场的无硝烟战争已经打响。

眼界决定宽度，观念决定高度，脚步决定速度，思想决定未来。在网络上曾看到过这样一则文字："移动说，自己搞了这么多年，今天才发现，原来腾讯才是自己真正的竞争对手。"最彻底的竞争就是跨界竞争，收费是移动的主营业务，腾讯却直接跨界进来，来了个"免费"。腾讯微信的出现，吸引了数亿计的用户，而且用户数量现在还在不断增加，给中国移动、中国电信和中国联通带来了巨大的压力。微信的免费策略，让收了十几年的通信和短信费的几大垄断运营商们脸都绿了。

阿里巴巴支付宝的出现，同样给银行造成了巨大的冲击。"余额宝"的出现，18天便狂收存款57亿元，银行的"饭碗"立刻被抢。马云的动菜鸟计划，也让行业大佬中国邮政快递胆战心惊。这个行动一旦取得成功，实现"24小时内全国到货"的梦想，零售巨头的命运又将会如何？

典型的案例还有早些年360杀毒软件的全部免费。在瑞星杀毒软件独霸天下的时代，靠着自己的收费政策，瑞星赚了不少钱，可是360却宣布免费，用户不用花钱，就可以直接使用，结果搅乱了杀毒软件市场，淘汰了金山毒霸。

如果有一天，你突然发现隔壁开饭店的老王手机卖得不错，不要瞪大眼睛觉得惊讶，因为这是一个跨界的时代，每个行业都在整合，都在交叉，都在融合渗透。

微谷营销·转型公馆是一个"互联网+"在线教育平台，看似是一个教育平台，实际是一个跨界平台，通过该平台卖保险一年达1万单，卖内衣1000万单，卖酒2000万单，卖旅游5万人次等。教育平台还是单纯地做教育吗？不一定。这就是在商业模式上设计的绝妙之处，不靠教育赚钱，靠其他赚钱！

"纯真日记"——新零售女性卫生巾领军品牌，不靠卫生巾赚钱，只要交398元成为会员，不仅获得一盒礼盒装（约一个半月用量）的卫生巾，价值88元的内裤，还可以终身免费领用卫生巾（每月一盒速递装，只需付23元快递费、服务费）。短暂的三个月上市销售，就突破2000万元的销售额，被传为佳话。

"淳美"新零售B2B平台，以OEM贴牌价出货给新零售终端，终端以原来进货价销售给消费者，创造了日销售额超过1000万元的出货奇迹。

微谷营销策划的"可丰满"用"移动电商+新零售"的思维做爆品，从一个针织类品牌跨界到美容院、婴童、美发、OTC药店，价格还不菲，客单价达到700元左右，但销售屡创奇迹，现在月出货几万件，产品供不应求。

未来十年是中国商业领域大规模"打劫"的时代，即使是著名大企业的粮仓也可能遭遇"打劫"。一旦人们的生活方式发生根本变化，没有实现革新的企业，必然会遭遇前所未有的寒冬。

如今，门店关闭潮一浪高过一浪，即使是著名的大企业也面临如何转身的问题。如今，企业的兴衰变化越来越快，所有的一切都处于大规模的变革之中，不管是哪个行业、哪家公司，如果不能深刻地意识到"金钱正在随着消费体验的改变而改变流向"，无论过去取得了多大的成绩，未来也会走下坡路，最终只能苟延残喘，直到被淘汰出局。

跨界的，从来都不是专业的，跨界以前所未有的迅猛速度从一个领域快速进入另一个领域。在人们的不经意间，边界正在打开，传统的广告业、运输业、零售业、酒店业、服务业、医疗卫生等都可能被逐一击破。更方便快捷、更关系密切、更全面的商业系统正在慢慢形成。

不敢跨界，别人就会跨过来打劫，抢走你的机会。移动互联网时代，大数据的出现、云计算的发展，让所有的一切都发生了推倒重来的变革。思想有多远，就能走多远，不改变脑袋，不改变思维，不改变做法，就无法改变口袋……所以，未来的竞争，不再只是产品的竞争、更不只是渠道的竞争，更重要的是资源整合的竞争，是终端消费者的竞争。只有持有资源，拥有用户，才能获利，才能在激烈的市场竞争中让自己立于不败之地。

2. 移动互联网时代，世界变得太快

说到企业，很多人首先想到的就是那些大公司；说到创业，很多人都会向著名的大公司学习。可是，谁曾想到，即使大公司，也有倒下的那一天，而且还是悄无声息。

说到柯达，出生于20世纪70年代的人肯定都知道。当时，只要一说到照相，很多人立刻就会想到使用柯达胶卷。如果有人问你的照片用的是什么胶卷？当事人如果使用的是柯达胶卷，甚至还会觉得自己很时尚，这就是柯

达的影响力。1991年，柯达的技术就已经领先世界同行10年，可是就是这样一家世界500强企业，2012年1月却破产了，为何？被做数码的挤出市场。

同样，当索尼还沉浸在数码领先的喜悦中时，突然发现，原来世界上相机卖得最好的不是自己，而是做手机的诺基亚，因为人家的手机上就有照相功能，结果索尼的业绩大受影响。

对于一家企业来说，如果不保持清醒的头脑，一直处于沉睡中，只能让自己危机四伏。国美就是因为醒来的速度太慢，等它睁开眼时，京东早已大张旗鼓地抢占了它的市场。而中国联通和中国移动，实在是睡的时间太长了，结果就在它们沉睡时，马化腾便在短短几个月时间里，用一款小小的微信软件，在它们还未意识到的时候抢占了数以亿计的用户。

细数一下已经发生的变化：

> 当摩托罗拉还醉心于V8088时，诺基亚已经以最快的速度迎头赶上。
> 当诺基亚还埋头于低端手机市场时，乔布斯的苹果已经悄悄潜入。
> 当苹果成为街机时，三星已经独霸天下。
> 当银行业高歌猛进时，阿里巴巴已经推出网络虚拟信用卡。
> 当其他培训公司乐此不疲收钱的时候，微谷营销落地按结果付费、转型公馆免费做培训
> ……

这个世界变化得太快，不加快自己的速度，早晚都会被淘汰。

3. 移动互联网下的生活未来应该是这样的

设想一下：晚上跟家人一起到附近的餐厅吃饭，拿出手机点击附近餐厅，看完餐厅介绍，进行多方对比，就可以选出一家评价好、好吃又实惠的餐厅。之后，在手机上领取一张会员卡，订好座位。等时间到了，只要点击导航，就可以直接去吃饭，不用排队。

吃饭时，看到自己喜欢吃的或者样式好的、口味佳的菜品，就拍照发到

微博或朋友圈，晒一晒，与朋友共享。以后朋友来这里吃饭时，凭着你的分享就可以享受优惠，商家还会返利给你。既能吃到好东西，又能赚到钱，一举两得。

吃完饭，大家一起到商场购物，看到喜欢的产品，扫一下二维码，用手机比比价，放入网络购物车。逛完商场后，在手机上点击送货时间和送货地址，直接付款，不用拎东西，也不用排队。然后，去电影院看电影，而电影票早就在吃饭时就用手机买好了……

这就是我们未来的生活。

4. 消费革命悄然出现于全球

如今，一场生产消费革命正在以前所未有的速度席卷全球，而且生命力还异常旺盛。

这是一个资源整合的时代，更是一个消费者觉醒的时代。消费者是财富的创造者，按照旧有的消费模式，消费者创造的财富由众多商家分割，自己却没有获得任何的财富分配。而今天，生产消费革命打破了原有的商业模式，一种全新的商业模式——生产消费商，正在全球大批涌现，消费者消费创富的时代到来。

消费获利趋势，犹如炸雷一样，炸开了每位消费者陈旧的传统消费观念，在专业化系统的支持下，以家庭为单位的终端连锁必然会掀起新一轮的财富狂潮。

消费获利的全新模式，让众多企业连成了异业结盟，共同分享庞大市场带来的持续收益。如今，觉醒的企业已经开始结盟，觉醒的消费者正在建立新的联盟消费群体。

这是一个联盟的时代、一个合作的时代，更是一个资源整合的时代。

二、不转型只能等死

如今，越来越多的传统企业开始谋划转型。但是因为找不到目标，传统企业产生了很大的危机感。互联网时代如何转型？未来之路如何走？利润好的企业发愁，利润不好的企业更发愁。

企业最大的危机不是目前利润的多寡，而是对未来趋势的清晰把握，移动互联时代，不转型就只能乖乖地等死。

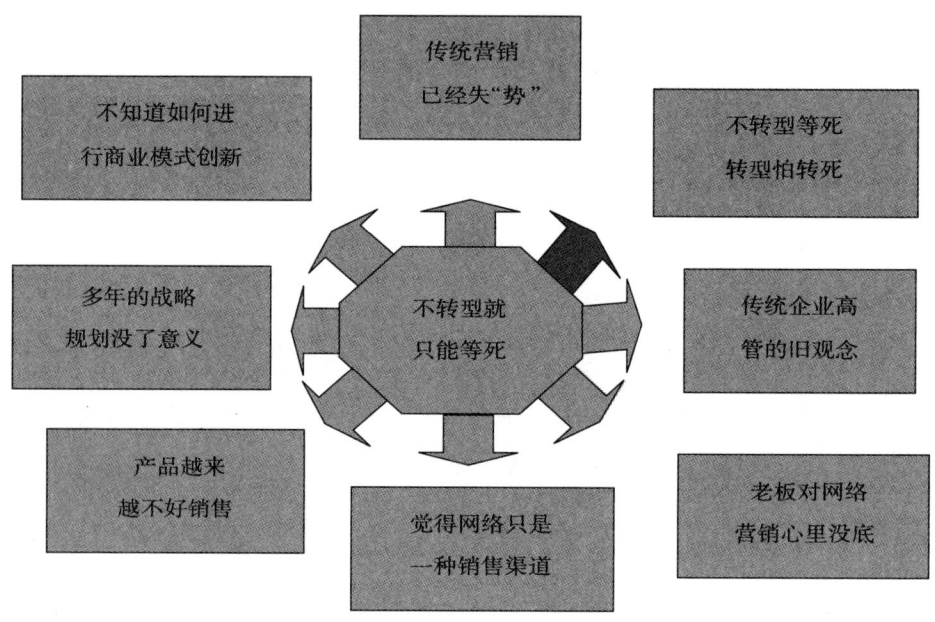

1. 传统营销已经失"势"

无论在哪个行业，传统营销都已经失势，尤其表现在资本市场上。如果企业使用的商业模式还是老一套，离被淘汰出局也就不远了。淳美运用的新零售 B2B、品牌垂直化、去中间化模式，获得了市场青睐；可丰满，越穿越大的丰胸内衣，走"移动电商+新零售"的模式仅用三个月就迅速打开了市场；梦含，将"大胸的女性买不到时尚又好看的内衣这一痛点"，定位为"专注无钢圈、领航大罩杯"，抢占了国内市场细分领域领先位置。

生产、加工、产品、招商、广告，这一流程传统企业尤其是传统大企业，闭着眼睛都会干。可是，员工已经产生了极度的疲劳感，发现自己无论如何都兴奋不起来，无论进行怎样的成功学培训，也无法激发起团队成员的斗志，这就是最大的问题，这就是传统行业穷途末路的征兆。任何事物，不怕小，就怕失去了"势"。雷军说："站对了风口，母猪都能飞上天。"这里的"风口"就是势，失去了这个势，企业也就成了一潭死水。想办法找回如火如荼的发展之势，是传统企业最大的挑战。

2. 不转型等死，转型又怕转死

如今，人们已经将"转型"这个词汇说烂了，但这两个字确实关系着企业的生死，尤其是大企业。年销售额过亿元的大企业，主要依赖的就是传统的渠道和团队，转型谈何容易。转得动吗？很难。诺基亚的企业文化、管理规范、专利创新都是全球顶尖的，为什么会消失？答案很简单，诺基亚是伴随着成就它的时代一起消失的。

对于企业来说，转型方式一共有两种：一种是被迫转型，当问题发展到无法解决时，企业被迫转型，这种转型的成本非常大，也很痛苦，但不转型必死；另一种是预见式转型，企业领导人有着超强的战略洞察能力，看到情况不对，就转型，比如：当年IBM把自己的PC业务卖给联想，结果在PC机市场走下坡路时提前卖了个高价，IBM也提前完成了转型。但这种企业在全世界也是凤毛麟角。

不转型升级，必死！转型，找死！究竟转还是不转呢？答案是：转！

宁愿在企业发展改革的路上"死"掉，也不愿舒服地坐以待毙。企业家创业本身就是一个不可预见的未来，需要眼光、勇气和坚守的意念，假如企业家失去了主动推动市场的魄力，试想企业结果会怎样？

3. 多年的战略规划没了意义

我们永远都不知道明天互联网会发生什么。互联网时代，做3~5年的战略规划是没有任何实际意义的，甚至还可以说是自己骗自己。

腾讯曾经做过一个类似阿里巴巴的电商平台，结果失败，而微信却成功了。所以，在互联网日新月异的变化下，企业只能制定短期有效的战略，策略战术变化必须紧跟市场，才能保证企业的与时俱进。

互联网时代，企业行走的速度会越来越快，同时也会越来越累。传统企业时代的舒服日子一去不复返了，传统企业家必须走好两条路：第一条路，卖掉企业，就像 IBM 提前卖 PC 机一样，然后把钱投给年轻人，做他们的股东；第二条路，自己冒险转型，向褚时健学习，80 岁也可以搞互联网。

4. 不知道如何进行商业模式创新

互联网的世界是平的，没有区域市场之分。传统时代，还可以做区域品牌老大，互联网上却没有这种机会。所以，一种商业模式只能存活少数企业，这也是腾讯模仿阿里巴巴失败的原因。

能否直接面对消费者搞出新商业模式，是对所有传统企业转型的考验。未来是直销时代，渠道必然消亡。有三种直销模式会畅行天下：互联网直销、人联网直销、社区连锁直销。离开这三种直销模式，传统企业也就等于自断后路。

未来，大分销的时代将不复存在。渠道的存在依赖于过去物流、信息的不对称，放在今天，渠道的价值已经不存在，消费者不会为渠道成本埋单。所以，传统企业必须好好思考，如何才能让自己的产品直接到达喜欢你的消费者手中，而且让他们爱不释手？

5. 产品越来越不好销售

看到三只松鼠休闲食品卖得很火，包装设计动漫化，销售语言动漫化，充满了互联网时代的创新精神。于是，想探究一下它的独特之处。可是，调查之后发现，其实里面的坚果和大街上卖的没什么区别。

消费者为什么还会趋之若鹜？因为今天的年轻一代买的不只是产品，还有精神或乐趣。传统食品越来越不好卖，尤其是一些历史悠久的食品企业，依然在搞文化包装，这种做法只能将企业往绝路上推。

移动互联网时代，企业再也不要贩卖过去的传统文化了，可以作为品牌故事背景，绝不能作为第一诉求。白酒是传统文化的典型贩卖者，结果怎样？传统文化的白酒贩卖之路越走越窄，而江小白搞了个时尚白酒的概念，让自己与传统文化切割开，只针对年轻人说话，结果销量惊人。

未来，拼的是创意文化，而不是传统文化。产品必须充满人情味，而不是自我的夸张与包装，只有让自己的产品独树一帜才能成功。

6. 觉得网络只是一种销售渠道

很多传统企业高管都觉得互联网仅仅是一种渠道，比如，公牛插座，之所以能够在4年的时间从3亿元的销售额做到30多亿元，走的就是传统分销路线。可是，一点都不安全，虽然"安全插座概念"在传统市场被认可了，但今天的时代也让公牛倍感危机。比如，如果雷军发现插座的高利润，设计了一个更漂亮、更便捷的插座，并以出厂价作为零售价，那公牛的经销渠道就会瞬间坍塌。这就告诉我们，互联网是一条销售渠道，但互联网思维却是一种新的商业模式。

7. 老板对网络营销心里没底

对互联网这一新鲜事物，传统企业家是拿不准的，很多老板手机上甚至没有微信或微博，他们对这些东西不感兴趣，与新事物中间隔着一堵墙。

其实，传统企业家的感觉没有错。因为到目前为止，纯粹的互联网电子商务公司还没有诞生100亿元的实体群体。如果让一家100亿元级别的企业搞转型，必须告诉它百亿元级别的互联网操作模式，否则小打小闹的网络营销，是激发不起它们兴趣的。

雷军和董明珠的10亿元赌注，背后就是新旧思维的碰撞。雷军采用的模式是粉丝经济模式，而董明珠采用的模式则是传统的产业链模式。究竟谁输谁赢，答案未知。

经过多年的发展，格力已经积累了大量财富，仅纳税就达100亿元，如果想转型，是非常轻松的，毕竟格力手里握着遍布全国的售后服务系统，这是互联网解决不了的。很多企业家都对网络营销心里没底，对于自己不确定的东西，他们是不敢投入的，因为他们要考虑其中的风险。

8. 传统企业高管的旧观念

中国传统企业老板平均年龄都超过了40岁，高管年龄都在35岁以上，这些人在传统营销领域有着丰富的经验，但对互联网不精通。企业改革的最大障碍主要就在他们身上，底层员工都是年轻人，没有问题。40岁以上、在传统企业打工的高管，如果不转变思维，那么未来3年很可能会面临失业，而且是大概率事件。

一个企业或一个人，过去的成功元素，很可能会直接导致他的失败。让老板换掉原有的高管，引进年轻人，需要面临很大的风险，这就是传统企业转型的矛盾和痛苦。新崛起的互联网企业，没有历史包袱，完全可以轻装上阵，而传统企业却不能，因为它们的身后跟着全国数百家渠道经销商，这是最痛苦的地方。

三、没有未来

这是一个转型的时代，不转型，企业也就没有了未来。

1. 传统企业成本优势已经不复存在

这两年，中南沿海地区中小制造企业发展都非常困难，笔者认为从今往后三到五年内情况都会如此。即使在未来的一两年中国经济会出现一个反弹，制造业在沿海地区的破产、歇业、倒闭潮依然不会结束，相信未来几年沿海地区半数左右的传统制造业企业都会离场。原因何在？土地便宜、劳动力成本便宜、税收优惠、不用对环境承担责任，这四大优势已经不复存在。

处于这种状态，真正会遭遇最大危险的还不是中小企业，而是那些雇员人数在3万~20万的大企业。未来的一两年可能是中国大型企业面临全面危机的时候，所有大企业会都面临一个问题，那就是，原来熟悉的各种模式都发生了变化，品牌老化，人才、资本出现了问题。

当然，这也并不意味着，所有的企业都已经没有未来。传统企业成本优势已经不复存在，笔者认为，未来能存活下来的企业，可能都不是大型企业，而是中小企业。

2. 传统企业成功转型，就要掌握一定的方法

传统企业如果想成功实现转型，可以采用三种方式——做专业公司、用信息化手段再造企业、实现小制造，具体内容见下表：

方式	说明
做专业公司	移动互联网时代，传统企业要想发展，就只能做一件事。千万不要做多元化企业，开家服装厂、饭店，投资小额贷款公司，再开一个洗脚店……这些，在未来已经没有机会。如果想找到机会，就要到非常窄众的市场里去，做专一产品，因为未来企业定然会越来越专业、越来越窄众化
用信息化手段再造企业	关于这方面，要做好两件事：第一件事，要用信息化手段再造企业所有的内部流程，如供应链流程、生产流程、财务流程、HR流程、公共管理流程、学习流程。第二件事，要用信息化手段再造企业和消费者的关系
实现小制造	过去赚到钱的都是大企业，比如，规模最大的服装公司、领带公司、微波炉公司、冰箱公司，而移动互联网时代，可能就没有这样的机会了。未来，如果你是做牛仔裤的，同种款式不是一下子做50万件，可能只能做5000件、50000件，甚至可能说是个人定制 做爆品，把一件爆品做到20亿元的规模，革命性降低产品成本，抬高竞争门槛，最后亏损，不靠产品赚钱，把盈利链条拉长。在很多企业内，决策人站错了位置，造成视觉屏蔽，做了很多无用功，无论付出多少都无助于企业强大，企业不值钱，所以很多企业家赚不到钱

第二章 创业的痛点

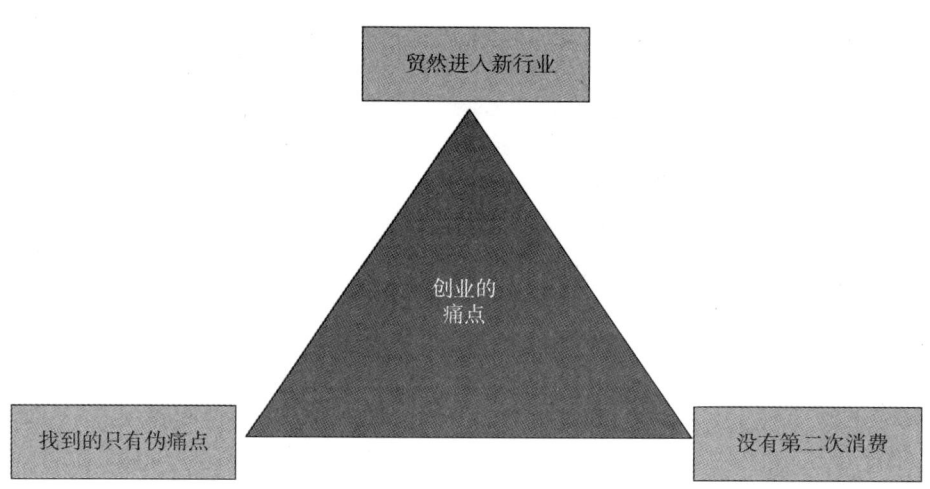

一、贸然进入新行业

如今行业竞争越来越激烈,很多老牌厂商纷纷破产,新公司如雨后春笋般纷纷出现。贸然进入一个行业,一点准备都没做,无异于找死。

即使一个行业再好,如果没有可投入的资本,这种机会也不属于你。

进入一个新的行业,我们要理性分析该市场大不大?有没有潜力?

通常,我们应该考虑:是否是刚需?是否高频?该商业模式可不可以复制?

二、找到的只有伪痛点

很多创业者很容易进入"伪痛点"误区。其实,不管是创业,还是投资,创业者和投资人自身跟主流用户不一定是一样的,创业者应该知道自己与主流用户之间是个怎样的关系。

所谓"伪痛点",就是不是主流用户的需求,是创业者用自身经历的生活故事总结出来的"用户"痛点和需求。例如,主流用户买衣服一般都选单价20元的,而创业者自己平时买衣服的单价是500元。既然要创业,就要清楚地知道两者之间的差距,如此才能更好地对产品的市场需求作出判断。

过去,笔者也接触过很多创业者,他们都喜欢用自身经历来说明自己的产品如何能获得市场的认可,往往忘了最根本的一点——创业者本身不一定能代表主流用户。比如,创业体育项目,如果你是一个篮球运动爱好者,想提高球技,但好教练很难找,为了解决这个难题,认为做一个解决问题的APP肯定很不错。这就是一个典型的"伪痛点"。因为,大多数打球者的目的是锻炼身体,其次才是提高球技,而且,普通人的球技需要的是指点,而不是接受系统训练。运动爱好者打球,通常都达不到正规比赛的专业程度,而自身的打球习惯又无法改变。以健身娱乐为目的的运动,虽然也有一定的专业化需求,但不是主流人群。

什么叫"伪痛点"呢?所谓伪痛点就是,创业者陷在自己的世界里,自己觉得这个痛点很重要、很紧急,必须解决,但是主流人群并不这么觉得。

在创业过程中,伪痛点经常表现在以下三个方面:

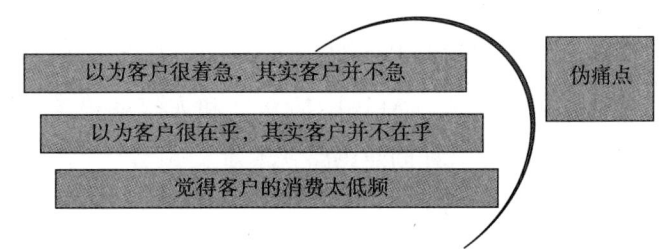

1. 以为客户很着急，其实客户并不急

过去，有个人做了一个创业项目，叫快书包。项目的核心业务是：一小时快速送图书。当时，这个项目在资本市场融资了 2000 多万元，但是把钱用完之后，还是死掉了，为什么？因为图书不像药品，也不像酒，用户对它的需求并不急，对看书的人来说，对于一本书，你是 1 小时送到，还是一天送到，甚至是一星期送到，区别并不大。读者最看重的是什么呢？不是速度，而是折扣，只要折扣低，价格便宜就可以了。

2. 以为客户很在乎，其实客户并不在乎

有个网友平时喜欢吃小龙虾，正好有个朋友是做厨师的，他就想跟朋友一起创业，做小龙虾外卖。他觉得，小龙虾这个行业有个痛点，就是很多店做的小龙虾都不干净、不卫生，他打算做一种干净的小龙虾。

为了找货源，网友亲自去了洞庭湖，找到一种自己喜欢的小龙虾，然后就推出了主打干净、卫生的麻辣小龙虾。虽然这种小龙虾的成本比较高，比普通的小龙虾贵一倍，但他觉得顾客一定愿意为此付费，但结果却完全出乎他的意料，他的小龙虾卖不出去，做了不到半年就不得不关门，前后一共赔了 15 万元。

为什么会这样呢？因为对于吃麻辣小龙虾的食客来说，干净、卫生并不是他们的核心需求，他一厢情愿地认为客户会很在乎，其实客户并不在乎，那客户在乎什么呢？他们在乎的是价格和味道。

3. 觉得客户的消费太低频

朋友小张是个律师，他跟我说，自己想做个创业项目——类似于大众点评的 APP，用户可以在上面找律师，还能在上面看到律师的口碑和用户评价。听到这个想法，我就觉得有些不靠谱，为什么？吃饭是高频服务，虽然人们经常会使用大众点评，但找律师却是低频的，一辈子能用几次？次数少，用户的打开率和留存率就会有限，APP 的活跃度和人气就很难做起来，这样，用户获取成本就会非常高，这种创业思路就不对。

三、没有第二次消费

吸引老顾客进行二次消费，是客户开发的硬实力，也是最难被模仿的。对于企业或商家来说，客户开发的方法之一就是回头客。

某个消费者对同一种消费进行二次或以上的消费，就是我们常说的二次消费。比如，同样一家川味小吃，消费者去了一次觉得味道不错，过几天再去，进行的就是二次消费；购买了超市的某件商品，觉得用着不错或吃着不错，又去买相同的物品，也是二次消费。

做生意，即使再小、再不起眼，只要有二次消费，有回头客，就是有生命力的。反之，不管现在销售多好，或增长多快，没有二次消费，别人不愿意自动自发地给你宣传，那么就会缺乏牢固的消费者根基，企业甚至会岌岌可危。

开发新客户，最重要的就是客户对你的信任，尤其是成本较高的交易更是如此。人们购买或消费一样东西，都要承担一定的风险，成本越高，风险越大。即使是去一家餐厅吃饭，也会面临着饭菜不好吃的风险。因此，需求成立的前提下，客户开发的一个关键点就是降低客户的购买风险。与其说是开发客户，倒不如说是影响客户，因为只有被影响了的客户，才会进行二次消费。

（一）为何缺少二次消费

在商业社会里，每天都会出现客户的"背叛"，之所以会出现这种情况，多半是因为你从来都没有发自内心地关心过客户，没有找对他们的真正最需要的东西。仔细研究起来，创业过程中之所以会缺少二次消费，主要原因就在于以下四点：

1. 客户没有体验到好的服务

客户在你这里咨询或体验的时候，如果你的销售人员对他不理不睬，或者恶语相向，或者瞧不起人，客户就会扭头离开。如此，他不仅这次不会从

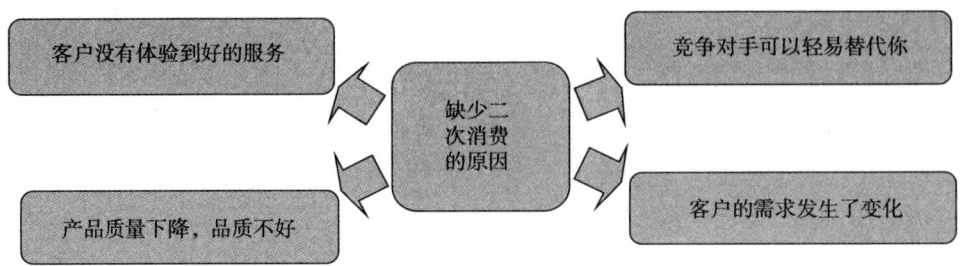

你这里购买产品或服务,后面就更不会来你这里了。一旦有了其他选择,他们一定会弃你而去。将客户服务费用当作可削减的成本,可能就为企业埋下了隐患。

2. 产品质量下降,品质不好

客户这次从你这里购买了某款商品或体验了某项服务,可是质量却出了问题,例如,客户从你这里购买了一款蚕丝被,可是质量出现了问题,或有污点,或有线头,或有拉丝……这些都会给客户留下不好的印象。如此,自然也就无法激发他们进行二次消费了。

3. 竞争对手可以轻易替代你

如果你的产品或服务能够被轻易复制,消费者就很容易离开你。例如,如果你的主要业务是销售韩版女士服装,一个客户曾经从你这里购买过一款连衣裙,但是此款连衣裙在其他店里也出现了,客户很可能就会离开你。原因无他,因为你的竞争对手那里也有跟你一样的同款服装,甚至还比你的质量好或价格便宜。

4. 客户的需求发生了变化

客户需求发生了变化,他也会换一家商家。比如,客户很喜欢吃川菜,中午休息的时候,就会到川菜馆就餐,后来,同事跟他推荐了粤菜,说粤菜也不错,可以尝尝看。一旦客户内心产生了波动,可能下次就不会去或很少去吃川菜了,改吃粤菜。如此,对于川菜馆来说,就少了一个回头客。

(二)动脑筋,吸引回头客

二次消费的吸引,主要在于产品和服务。只要将这两方面做好了,客户多半都会持续消费你的产品。消费群体常常是一个社区或相对固定的人群,因此二次消费也就成了商家收入的主要来源。从一定意义上来说，谁的"二次消费"多，谁的生存空间就大。那么，如何才能增加二次消费呢？可以从下面四方面做起：

1. 为客户提供超常服务

为了吸引回头客，就要为客户提供超常服务。不仅要为客户提供优质的功能服务，还要为他们提供绝佳的心理服务，以此来提高客户的满意度。比如，免费为客户送货等。满足了客户的心理需求，客人就会拥有轻松愉快的心情和美好的回忆，进行二次消费的可能性就大了。

2. 厚待回头客，善待头回客

要想赢得回头客，首先就要让他们对你的企业、店铺或产品产生好感，因此顾客进店，可以真诚地称赞她，如"你的这个发型真时尚"等。花几秒钟的时间跟客户说一些称赞的话，就可以营造一种和谐、愉快的销售或服务氛围。只要客户在你这里享受了一次好的服务，很可能就会成为你的回头客。

3. 积极打造好口碑

对于实体店来说，在顾客心中留下好的口碑，如产品齐全、比别家便宜等，都能让你的实体店在同片区域中脱颖而出。如此，不仅可以吸引二次消费，还能依靠口口相传，开拓新的客源，使门店客源不断、生意兴隆。

4. 耐心地为客户解决问题

客户来你这里购物，多半都是为了解决某个问题，因为要想给他们留下好印象，就要用心地给他们答疑解惑，做好他们的参谋，让他们用最少的钱购买到最好的商品。给客户做推荐的时候切记：范围不用太大、数量不用太多，要客观地给客户介绍。如果顾客买到满意的商品，多半在于你的推荐，他就会信任你，来你这里进行二次消费的可能性就会增加。

第三章 移动互联网下的三大改变

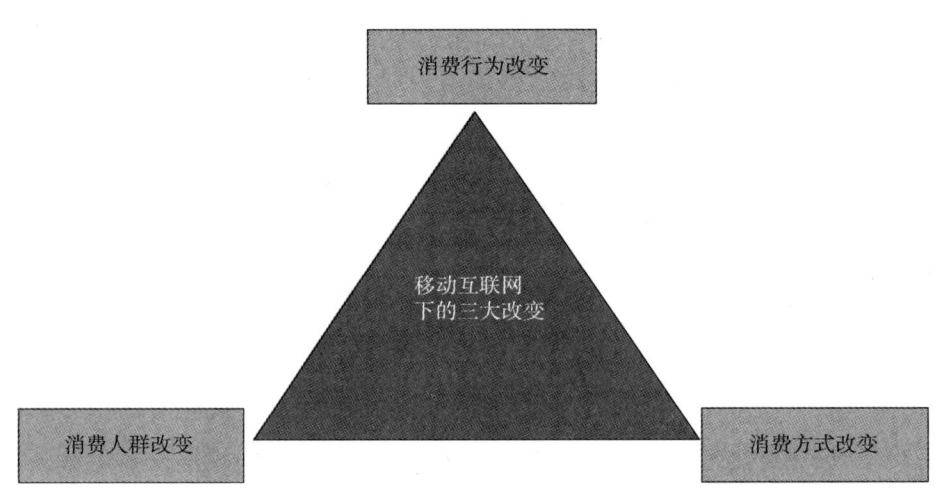

一、消费行为改变

从出现第一台计算机起，IT 技术已经发展了 60 多年。经历了大型机、小型机、PC、互联网时代之后，IT 技术已经进入了新的技术发展周期——移动互联网技术发展周期。

移动互联网并不是移动技术和互联网技术的简单相加，而是两者的有机融合。移动互联网时代，用户由过去的信息内容的被动接收者，转变成了信息内容的主动创造者。用户可以创造并分享图片、音乐、视频等内容，更好地满足了人们展现自我与个性的欲望和追求，因此这也就成了移动互联网发展的巨大动力。

2007 年苹果公司发布了第一代苹果智能手机 iPhone1，iPhone 的横空出

第三章 | 移动互联网下的三大改变

世,宣告了移动互联网时代的来临。看到苹果的智能手机后,人们才知道原来手机还可以这样的,随即便掀起了一股移动互联网的大浪潮,3G网络Wi-Fi无线网络获得飞速发展。

2010年,苹果公司发布iPhone4和第一代平板电脑iPad。移动互联网逐渐稳固了自己的江山,以智能手机、平板电脑、电子书阅读器为代表的智能移动终端产业呈现井喷式增长。2011年,全球智能终端的出货量超过了PC。

根据梅特卡夫法则,网络的价值等于网络节点数的平方,或者网络价值会随着网络用户数量的增加而呈指数增加。移动互联网的巨大价值由此可见。结果,苹果、谷歌、Facebook、亚马逊、三星等科技巨头成了移动互联网的引领者。

智能移动终端(智能手机,平板电脑)的普及和无线网络传输技术(3G,Wi-Fi)的发展,为移动互联网的发展提供了有力保障。移动意味着自由,自由就会创造出多种选择,移动互联网时代,商业模式日益多元化,业务种类更加丰富,服务更为个性,服务质量更高,这就为消费者消费行为的进一步发展提供了良好保证。

移动互联网的最大特征是无处不在的信息服务,不管在任何时候、任何地方,都可以通过智能终端分享信息,移动互联网的出现,让网络变成了真正意义上的"触手可及"。

信息是消费者行为中重要的因素,移动互联网改变了过去的消费行为,给了消费者更多的主动性、选择性和创造性,消费者的消费行为也随之改变。

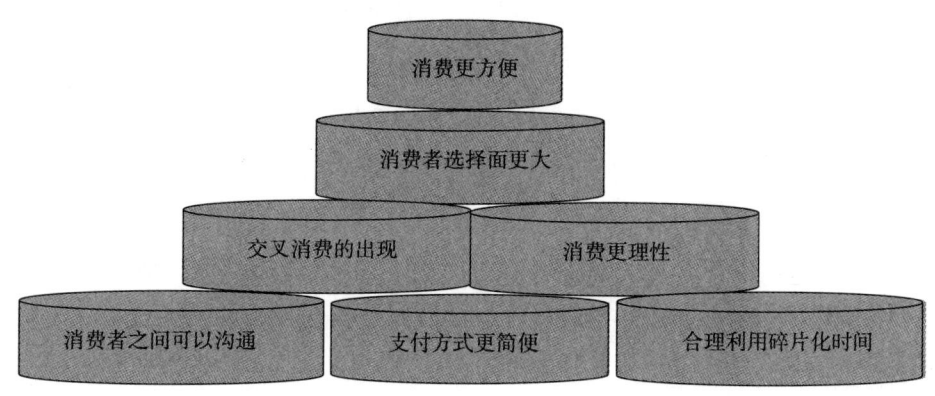

1. 消费者选择面更大

移动互联网时代，随着移动在线支付等技术日渐成熟，消费者的选择面更大，选择更加方便，更让消费者的行为发生了一些重大改变。移动互联网时代，任何人都可以成为购买者。移动智能终端携带方便，操作容易，突破了购买者的年龄、受教育程度、性别等限制。

特别是 2014 年底，移动电商的出现，诞生了一大批微商及移动电商品牌，如婷媚云集、立妃、纯真日记、淳美、微她、她他裤、安美拉、私密日记、棒女郎等，这些品牌夺得了市场先机，其顶层设计者用新的商业模式，更多的选择、24 小时在线、无店铺经营让消费无处不在，让随时随地、低门槛创业成为可能。

2. 交叉消费的出现

在传统模式中，消费者的消费行为都比较单一，通常会对某一种产品进行一次性购买。例如，在传统模式下，消费者如果想买液晶电视，可能会去电器市场买回一台液晶电视。而移动互联网时代，信息无处不在，消费者可以了解到与其相关的其他类别的产品，派生出新的消费需求。消费者除了购买液晶电视外，可能还会买与液晶电视相关的物品，如此就产生了交叉消费。移动互联网时代，消费中的搜索行为不会仅限于对本产品相关信息的搜索，在购买行为的决策过程中，交叉消费随时都可能发生。

如在淳美移动电商的新零售方式中，注册只需要 1 元就可以送袜子、化妆品、洗衣液，然后吸引客户买其他产品，从而获得了很大成功。

"微谷营销"在线商学院，1 元注册，可以听课程，半年内吸引了几万名会员，通过会员的交叉消费，这半年中又获得了上千万元的培训和其他产品收入，成为中国中小企业转型学习的第一课堂。

3. 消费者之间可以沟通

移动互联网时代，消费者可以在第一时间获得来自消费者的信息，可以针对某一产品性能、价格、客服等进行交流。不同消费者之间的互动，可以有效促进消费行为的进行。

消费者之间的沟通，其实就是创客开发创客的过程，自2015年国家提倡共享概念后，很多具有战略眼光的企业家在设计商业模式时，把自动分享作为创客盈利的来源之一，促进了共享的进一步实施和发展。

4. 人们的消费更理性

按照传统方式，在实体店购买过程中，消费者很容易受到营业场所的布置、商品的丰富程度和陈列方式、销售人员的服务质量、他人的购买行为等因素的影响，产生冲动性购买行为。而在移动互联网时代，商品选择的范围大大增加，并不限于几家店或几个厂商，消费者就可以理性地计划自己的消费行为，有更多的考虑时间，并且以更好的心态对产品进行综合权衡。如此，人们的消费行为日趋理性化。

5. 人们的消费更方便

传统消费行为中，消费者的购买行为会受到商家场地的极大影响，包括距离、交通、营业时间等。但是在移动互联网时代，配合发达的物流体系，地点与区域已不再受到限制，完善的物流配送体系也可以将消费者购买的物品配送至指定地点。

6. 支付方式更简便

移动互联网时代，随着移动在线技术的发展，消费者购买产品的程序更加简便。挑选产品之后，只要进行通过安全认证的支付就行。

7. 合理利用碎片化时间

按照传统方式消费，消费者必须在商场商家的固定营业时间进行消费。移动互联网时代，出现了新的购买时机，消费者可以利用"碎片化时间"进行消费。比如，乘坐地铁、公交、出租车等交通工具时，就可以快速实现挑选、购买、结算等消费行为。

二、消费人群改变

为什么天猫一天能够实现350亿元的营业额？为什么很多传统企业会被

淘汰？因为消费人群发生了很大的改变。如今，"85后""90后"已经成为当代商业的主力消费群，企业如果想成功实现转型，首先就要深刻理解当代消费者的消费需求。

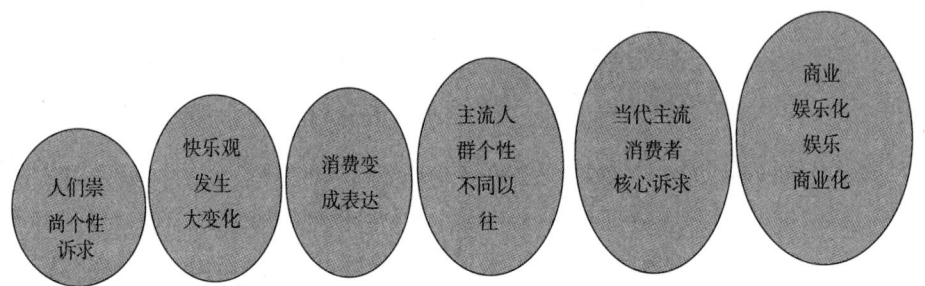

1. 主流人群个性不同以往

"85后""90后"是新一代的社会主流人群，生活在与前人完全不同的生活环境中。最大的区别在于，他们出生在一个物质安全的时代，而不同于前人的物质匮乏时代。在物质安全、资源充裕的前提下成长起来的新人类，对物质财富的理解、对社会形态的认识、对灵魂自由的追寻、对个性体验的重视，都会汇聚成强大的潮流力量，并最终改写商业世界的游戏规则。

2. 快乐观的内容发生极大改变

物质财富的填充与积累，已经越来越不足以支持现代人的快乐。各种各样的不跟团旅游、间隔年、泡在手机上的社交一族，这些都表明现代人的快乐需求与前人迥异。

人们渴望得到足够的休息，渴望与家人共处，渴望拥有随性而轻松的体验，渴望有志同道合的精神伙伴，渴望得到聆听与关切，渴望实现心理上的自主与强大……所有这些都被纳入到现代快乐观中，而无关物质财富的数量堆积。微信、微博之所以如此火爆就是因为这个原因。

3. 人们更加崇尚个性诉求

如今，新消费人群正在运用各种方式，表达自己作为独立个体的真实存在。从T恤衫上印制的个性话语，到偏爱物品的DIY改装，从网上订购家具，到购买小众物品……当代人的个性诉求之强大，从根本上颠覆了以标准化为标志的 20 世纪商业逻辑。

移动互联网的出现，成为当代人最能展现自我生命价值的主阵地。从在论坛上晒自己的私密，到 QQ 中的亲密群体；从微信中极富创意的作品，到电商社区中温馨可爱的小店……"我"已经成为一个重要的主语，成为个性化时代最强劲的诉求表达。这种潮流体现在消费上，通常用 C2B 来描述。

4. 消费正在变成一种表达

最近几年天猫的"双十一"，销售额几乎都破百亿元。这里，有很大一部分是刚性需求，但同样有一部分是"表达性需求"，即人们之所以要参与这些活动，是为了表达"我在潮流中"，是为了寻求共襄盛举的快感。

在这些以消费名义出现的行为背后，隐藏着现代人的表达诉求。消费，已经超越了简单的物质需求。人们把消费本身作为树立个人形象、反映精神世界、发布个性宣言的方式。借助消费，笔者认为消费者表达出自己对自由选择的渴望，流露出对个人幻想的追求，展现出对品质境界的向往。

5. 商业娱乐化，娱乐商业化

移动互联网与娱乐产业的快速发展，正好响应了人类心理的变迁，带来了整个社会生活的泛娱乐化。今天，娱乐已经渗透在商业空间的各个角落，越来越多的商业理念需要依靠娱乐形态来表达，越来越多的消费交互需要嫁接在娱乐传递上，越来越多的商业价值依赖于娱乐模式的实现。娱乐现象快速流传的同时，也暗示着现代营销与传统营销的分野，因为我们已经身处泛娱乐的时代。商业娱乐化、娱乐商业化，已经成为现代社会的主要风景之一，而"双十一"其实就是商业娱乐化、娱乐商业化的最佳体现。

6. 当代主流消费者核心诉求

当代主流消费者的需求可以表达为：我要购买那些能够带给我个性化生活的东西，我要购买那些能够让我实现心理自主的服务，我要购买那些能够让我创造自己、了解自己、成就自己的东西。

通过以上分析可以发现，当代消费浪潮与简单标准化、过分功利化的商业之间的裂谷，必然会对很多传统企业带来巨大的影响。同时，以个性精神复苏为标志的当代社会理念，鼓励人们挣脱标准化时代的被动商业消费者的命运。

当代消费者已经越来越不满足于"被安排"的命运，他们希望得到真正的尊重与信任，希望自己的声音得到真诚的聆听，希望自己的心理得到支持与庇护。移动互联网属于所有人，不是移动互联网颠覆了谁，而是受制于传统观念的企业被移动互联网化的主流消费人群所抛弃。要么适应，要么被边缘化。

三、消费方式改变

生活中，经常听到这样一句话：我们生长在一个互联网的时代。当前，我们已经进入了移动支付时代。随着智能手机的普及，移动支付已经融入我们的生活当中，不同的消费方式正在改变着我们的生活。

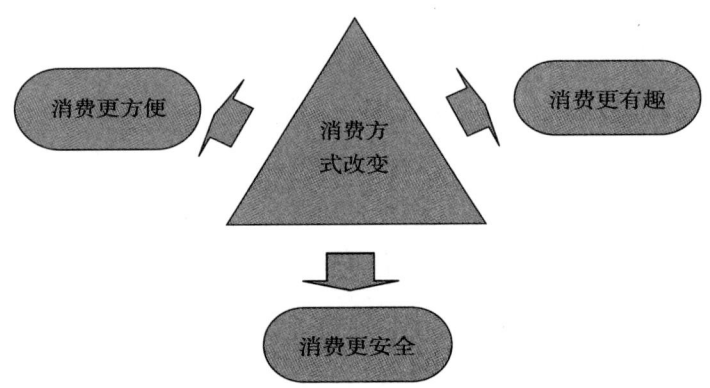

1. 消费更方便

足不出户就能缴水费、电费，闲时拿着手机就可以在网上购物，出门打车可以用出行软件，付款只要打开手机扫二维码……这样的生活场景，在几年前还无法想象。然而，仅仅几年的时间，消费者的支付方式就发生了颠覆性改变，移动支付正慢慢地改变着我们的消费方式。

2. 消费更安全

"钱夹支付"非常方便快捷。在超市,顾客只要用手机扫描二维码付款即可。这种支付形式可以直接无缝对接传统收银台,完美对接多端收款、统计、会员卡等。对于商家来说,这是一种既安全又高效的收款方式,使收银工作更加清晰明确,节省了结算找零的时间,大大提高了收银效率。

3. 消费更有趣

移动支付是通过移动终端与金融系统相结合,将移动通信网络作为实现手机支付的工具和手段,为用户提供商品交易、缴费、银行账号管理等金融服务业务,是互联网支付与银行卡收单业务在移动互联网时代的相互融合。

随着智能终端(主要是手机)的普及和功能升级,中国数以亿计的人口都会陆续享受到移动支付带来的便利,移动支付行业已经从一二线城市逐渐辐射到三四线城市及乡镇村。移动支付的普及,不仅给我们的消费带来了便捷,更让我们的生活衍生出更多可能性和趣味性。

第四章 自我十问：我们有哪些资源

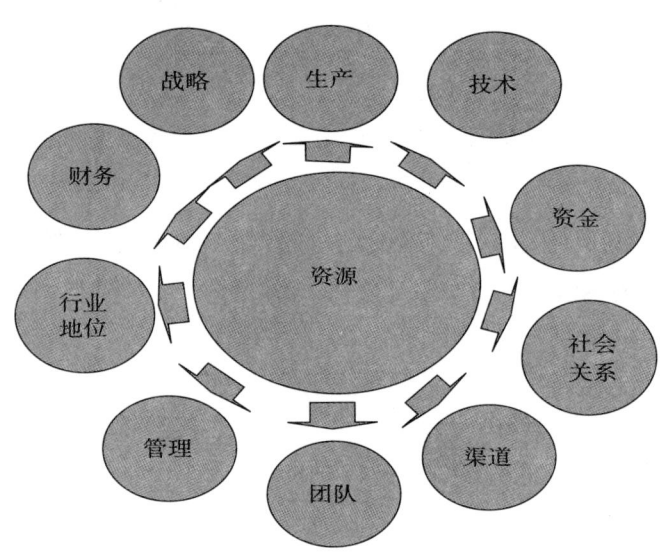

一、生产

所谓生产能力指的是，在计划期内，企业参与生产的全部固定资产，在既定的组织技术条件下，所能生产的产品数量，或能够处理的原材料数量。

生产能力是反映企业所具备的加工能力的一个技术参数，可以反映出企业的生产规模。企业领导之所以会关心企业的生产能力，是因为他要知道企业的生产能力能否与市场需求相适应。当需求旺盛时，要考虑如何增加生产能力，以满足需求的增长；当需求不足时，要考虑如何缩小规模，避免能力过剩,尽可能地减少损失。

1. 生产能力的表达方式

实际运用中的生产能力有多种表达方式,包括制程设计产能、计划能力等。

制程设计产能指的是企业建厂时在基建任务书和技术文件中所规定的生产能力,是按照工厂设计文件规定的产品方案、技术工艺和设备,通过计算得到的最大年产量。企业投入生产后,往往要经过一段熟悉和掌握生产技术的过程,甚至还要改进某些设计不合理的地方。当操作人员熟悉了生产工艺,掌握了内在规律,通过适当的改造,就可以使实际生产能力大大超过制程设计产能。

企业在年度计划中规定,本年度要达到的实际生产能力称为计划能力。计划能力包括两大部分:首先是企业已有的生产能力,是查定能力;其次是企业在本年度内新形成的能力。计划能力的大小决定着企业的当期生产规模,生产计划量应该与计划能力相匹配。企业在编制计划时要考虑市场需求量,能力与需求不可能完全一致,利用生产能力的不确定性,可以在一定范围内对生产能力做短期调整,以满足市场需求。

对于老企业来说,由于产品方向的改变,或者产品结构重新设计、工艺方法的改进等原因,当初的设计能力已不能完全反映实际情况,这时就需要对企业的产能作重新核准。

2. 生产能力的计算方法

要想计算生产能力,首先就要确定生产能力的计量单位。不同类型的企业生产能力,使用的计算方式也不同。相比之下,机械制造企业的生产能力计算要稍微复杂一些,因为是这类企业产品的加工环节多,参与加工的设备数量大,设备能力不是连续变动的,因此,各环节的加工能力不一致。

计算工作通常从底层开始,自下而上进行:先计算出单台设备的能力,然后逐步计算出班组(生产线)车间、工厂的生产能力。

在计算生产能力时,必须了解每条独立生产线的情况、每家独立工厂的生产水平和整个生产系统的生产分配状况,一般可以通过以下步骤来进行:

运用预测技术预测出每条独立生产线产品的销售情况；计算为满足需求所需投入的设备和劳动力数量；合理配置可获得的设备与劳动力数量。

在这个过程中，企业还要考虑一个生产能力余量作为平衡设计生产能力与实际生产能力的缓冲。生产能力余量指的是超过预期需求的生产富余能力。例如，某产品的预计需求为1000万件，而设计生产能力为1200万件。这样，生产能力的余量就是20%，即企业是以80%的生产能力利用率生产该产品。相反，如果企业的设计生产能力低于为满足产品需求应达到的生产能力，则说明企业的生产能力余量为负值。比如，企业的产品年需求量为1200万件，而其生产能力仅为1000万件，则该企业的生产能力余量为-20%。

3. 生产能力的计量单位

企业种类广泛，不同企业的产品和生产过程差别很大，做生产能力计划之前，必须确定本企业的生产能力计量单位。常见的生产能力计量单位见下表。

计算单位	说明
以产出量为计量单位	调制型和合成型生产类型的制造企业生产能力，通常是以产出量，比如，钢铁厂、水泥厂等都以产品吨位作为生产能力，家电生产厂则以产品台数作为生产能力。对于这类企业来说，产出数量越大，能力越大
以原料处理量为计量单位	有的企业使用单一的原料生产多种产品，就会以工厂年处理原料的数量作为生产能力的计量单位，比如，炼油厂以一年加工处理原油的吨位作为它的生产能力。这类企业的生产往往是分解型的，使用一种主要原料，分解制造出多种产品
以投入量为生产能力计量单位	有些企业如果以产出量计量它的生产能力，则会显得不确切。比如，发电厂，年发电量几十亿度电，巨大的天文数字不容易比较判断，用装机容量来计量反而更方便

二、技术

所谓企业技术能力是指企业为支持技术创新现实，附着在内部人员、设备、信息和组织中的所有内生化知识存量的总和，本质上是企业拥有的各类知识。

从本质上讲，企业技术能力是以企业的技术发展为导向的具有行动指向的知识源，而这一知识源又具体表现为凝聚在个人、群体或物品中的以信息为基础的能力。

按技术知识在企业技术能力中的可见度，可以将其分为两大类：显性技术知识和隐性技术知识。显性技术知识可以被准确地加以描述，并能够通过知识的编码而存在于企业的程序、操作手册中；隐性技术知识来源于经验，无法正确描述，是一种潜意识的理解和运用。隐性技术知识，是企业技术能力中不可模仿的来源，通过企业在技术学习上的投入会逐步转化为显性技术知识。

如果按照技术知识在企业技术能力中的作用，可以将其分为独特性技术知识、复合性技术知识和配套性技术知识。独特性技术知识是指企业技术能力中所具有的专有技术知识，主要存在于企业的内部，表现为清楚的文字形式；复合性技术知识就是将许多技术领域的独特性技术知识整合起来的技术知识。配套性技术知识是指，有价值的需要企业技术能力开发、运用的知识。

技术资源是企业发展的重要资源，如果想让企业获得长远发展，就要逐渐提高自己的核心技术能力。具体方法有：

1. 确立核心创新战略

要想实现战略思想转变，就要以增强核心创新能力为目标，改变粗放型经济增长方式，提高产业技术水平，真正把提高核心创新能力作为企业发展的战略基点。

实施核心创新战略，首先，要着眼于经济发展的大趋势，以社会和市场需求为导向，以科学发展观为统领，把原始创新、系统集成创新和引进消化吸收创新结合起来，在关键领域掌握更多的核心知识产权，在科学前沿和战略高技术领域占有一席之地，在基础研究和应用基础研究领域有自己的特色……之后，以此为基础，科学提炼出企业的战略发展规划、战略发展布局和战略发展保

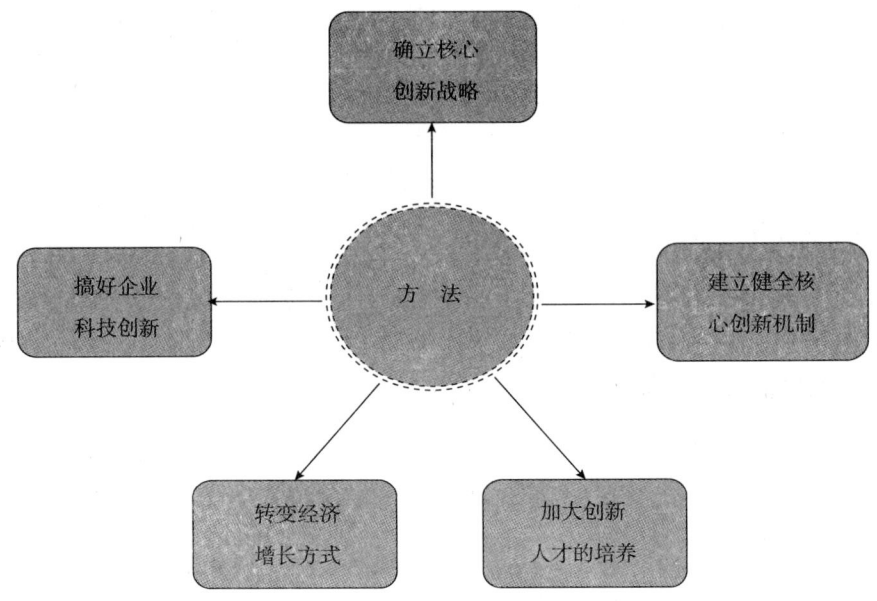

障，使核心创新成为企业经济可持续发展的发动机和激发器。

其次，要加强科技规划和信息化建设，加强应用性科技研究，推进产业的新技术、新工艺、新方法的研究和应用，把经济增长方式完全转移到依靠科技进步和职工素质提高上来，推动产业战略的优化，实现经济的可持续发展。

最后，还要通过核心创新战略的建设，带动和促进企业目标战略、经营战略、品牌战略、人才战略等的建设和发展，形成科学的战略创新体系，使企业核心创新战略更加规范化、网络化和系统化。

2. 搞好企业科技创新

企业创新的核心是科技创新，要想实现科技创新，就要从下面几方面做起：

（1）进一步推进企业科技体制改革，调整优化企业科技结构，整合科技资源，推动产品结构优化升级，加速科技成果向现实生产力转化。

（2）充分发挥企业的技术优势，加强原始创新、集成创新和引进消化吸收再创新，加快产业结构调整，抢占一批技术制高点，抓好一批科技含量高的信息工程，加大新科技、新项目和新产品的科研投入，利用先进的技术改造提升传统项目，催生新的经济增长点，努力打造以产品技术为竞争力基础的多领域、多层次的产业链。

（3）要加强科技成果的应用、推广和转化工作。要根据市场需求，依据科技成果的创新性和实用性，做好成果的评估和筛选工作，对优秀的成果要大力推广应用，并从人才、资金和物质上给予支持，形成"引进—消化—吸收—创新"的良性循环，使科技成果尽快转化为生产力。

3. 建立健全核心创新机制

提高企业核心创新能力，需要一定机制的支撑和保障。

第一，要建立健全产学研相结合的科研机制，积极与科研单位紧密合作，充分利用科研单位的知识优势和技术优势，搞好科学论证，集中攻克难关，力争取得新的科技成果。

第二，要建立健全核心创新的投入机制，特别要建立有利于科技创新和科研成果向生产力转化的风险投资机制。

第三，要加强核心创新的目标建设、制度建设和程序建设，优化核心创新的运作环境和文化条件，通过机制建设来增强核心创新的活力，进一步促进企业转换经营方式，促进产品创新、技术创新和管理创新，充分挖掘内在的经济资源、物质资源、科技资源和人力资源，促进企业资源优化配置。

第四，要建立健全核心创新的孵化机制，充分发挥企业研究部门、设计部门、信息咨询中心、技改小组等作用，加强对科技信息的收集整理和研究，加快先进技术的消化、吸收和创新，加大核心技术的占有和知识产权的保护，提高创新能力。

4. 转变经济增长方式

转变经济增长方式是提高企业核心创新能力的关键环节之一，要想实现增长方式的转变，就要做到下面几点：

（1）深化企业经济体制的改革和创新。要以促进经济发展为目的，以产权制度改革为核心，通过深化企业改革，建立产权多元化的经济结构，完善有益于转变经济增长方式的运行机制，使企业能从长远来考虑和规划企业的发展，克服短期行为，真正把核心创新作为关系企业兴衰的大事来抓。

（2）加快推进企业经济结构调整。要进一步完善和优化产业结构、产品结构、技术结构、投资结构和劳动力结构，要集中相应的有效资产和有生力量，实施精品名牌战略，做大做强品牌产业，通过科技进步实现主导产品的新突破。

（3）改组、改造传统项目。要做大做强科技含量高、经济效益好、市场竞争力强的支柱产业，培植壮大有潜力的项目，关闭和淘汰那些投入多、消耗高、污染重、效益低的项目，大力发展循环经济，壮大规模经济，发挥规模效益，实现从粗放经营向集约经营转变。

5. 加大创新人才的培养

笔者认为，为了提高企业核心创新能力，就要创新人才工作机制，改善人才工作环境，优化人才结构，提高人才队伍素质，具体来说就是：

（1）营造好的氛围。要营造尊重知识、尊重人才、尊重劳动、尊重创造、尊重和支持核心创新的良好氛围，为人才的创新打造宽松的人文环境。

（2）加强创新人才的培养。要立足当前，着眼长远，加大人力资本的投资力度，通过职业教育、高等教育、专业培训等途径实施素质教育，努力建设一支德才兼备、结构合理、素质优良的人才队伍。

（3）健全创新人才激励机制。对那些具有核心创新能力的人才，要在政治上多关心、工作上多支持、待遇上适当倾斜。对有突出贡献的个人和优秀的科技成果，要给予奖励、表彰和激励。

（4）改进人才考核办法。要完善人才评价机制，把勇于探索、开拓创新的人才选拔到重要的岗位上来，加以重用，让他们充分发挥自己的聪明和才智，推动企业核心创新能力的提高。

总结成一句话就是：让平者让，让庸者下，让能者上。以品德定去留，以能力定岗位，以绩效定薪酬。

三、资金

企业的启动和发展必须依赖足够的资金，而不是项目。对于小商贩来说，可能感觉不到资金对于企业的重要性。但如果你是一位企业管理者，一定深有感触：企业没有资金或者资金不足，即使计划再好、项目再好都是空想。充足的资金是企业经营活动顺利进行的重要保障之一，起着根本性作用。从一定意义上来说，企业的运转就是资金的不停流动。

1. 企业出现资金问题的原因

随着经济迅速发展，企业资金供求矛盾日趋严重，尽管近几年银行信贷规模扩张的幅度大大超过同期经济增长速度，但很多企业依然感到资金紧缺。之所以会造成这种现象，笔者认为主要有以下几个问题：

（1）资金管理意识淡薄。现在很多企业都没有建立完善的内部会计控制制度，即使是有建立，但在执行过程中，也是流于形式，没有起到应有的作用。同时，有的财务人员对企业资金管理意识淡薄，在日常工作中，只懂算账、报账等简单工作，忽视了会计监督、会计决策、会计控制的职能。对企业的资金使用，既没有做好事前的控制，也没有跟进资金使用过程，对资金使用后的利用结果也没有做好分析。

（2）缺乏资金筹集渠道。在众多影响公司发展的因素中，缺乏融资渠道及流动资金不足是企业发展最主要的制约因素之一。

一般来说，企业都会以自有资金和民间借贷作为企业发展最主要的资金来源。可是，随着企业经营规模的不断扩大，业务范围的持续扩张，企业的资金压力也会变得越来越大，寻找其他筹集资金的渠道就显得尤为重要。可是，银行信贷、风险投资、私募基金等有效的融资渠道却只为少数企业提供服务。另外，虽然一些企业也在尝试通过上市和发行债券等方式进行社会融资，但难度相对较大。

（3）内部资金使用分配不合理。随着经济体制改革的不断发展，企业的分厂、车间等内部单位逐步实行内部独立核算，成为竞争对手的内部市场主体。但是，由于种种原因，都影响了资金的合理使用。比如，有些企业对内部资金的分配不太合理，不能形成公平、合理的内部市场竞争环境，不利于加强企业内部经营管理。有些企业盲目投资，盲目扩张，把过多的资金用于长期投资项目，致使流动资金补偿不足。

同时，流动资金内部各项目之间的分配也不合理，致使资金使用效率低下。资金占用结构不合理，企业盲目购买大量的原辅材料，使资金积压与资金短缺并存；企业存在大量闲置的固定资产，也会影响资金的合理使用。

（4）缺乏对往来款项的科学管理。有的企业没有根据自身的经营情况去制定应收账款的回收策略，在日常的销售客户中，没有分析客户的信用状况，没有及时建立健全客户有关信息资料，没有做好应收账款的账龄分析。回收货款不及时，资金就会被占用，从而影响资金的使用决策。

2. 解决资金问题的方法

资金是企业的血液，关系到企业经济发展的各个环节。在激烈竞争的市场环境下，企业只有通过合理地控制使用资金的风险，想方设法提高资金的使用效率，才能在激烈的市场竞争环境中生存并快速发展起来。针对以上存在的问题，要想更好地利用企业资金，可以从三个方面采取措施，具体内容见下表。

措施	说明
提高资金利用率	企业应重视财务信息的采集范围，提高信息质量，实现资金的投入使用和财务信息流的有机统一。在资金的筹措上，必须坚持以需求为依据；举债不足或延迟会影响企业经营，使企业丧失良好的经营机会。在经营过程中，企业还可以通过对产品设计、企业采购链及企业的生产管理模式进行改善，压缩费用支出、降低成本，更好地提高企业资金的利用效率。在做投资决策时，应尽量选择投资少、见效快、收益高的项目，保证资金的快速周转

续表

措施	说明
建立健全财务风险机制	企业在进行各种经营决策时，必须考虑资金使用可能存在的各种风险，加强企业风险的意识。只有意识到风险，才会主动采取措施，加强内部控制。具体方法为：建立资金补偿积累机制，抓好资金的后续管理；认真实施资金保全制度，监督并落实好企业资金的分配和使用 企业的资金和资源总是有限的，只有合理地配置资源，将其与企业目标、企业增值链等结合起来，同时以资金运用效率、效益为导向发挥企业整体优势，加强企业预算管理、流动资金管理和资金投资管理等，才能更好地提高资源的有效利用
将企业资金用活	企业在经营活动中会产生大量的短期资金，而且流动现金比较多。这些资金在真正使用之前，通常都会闲置一段时间。企业可以有效利用这些闲置资金或其他资产，根据自身的承受风险能力来选择一些投资项目进行适度的投资，以获取较好的收益，确保资产保值增值，培养新的经济增长点。当出现大量资金闲置时，要坚持"人休息而资金不休息"的理念。可以到银行办理通知存款业务，这种业务利率水平比活期存款要高，在资金暂时闲置时可以获得稳定、保本且较高的利息收益，使资金时刻处在流动和增值的过程。同时，也可以选择专业的理财机构，在专业理财机构的指导下，购买引进一些投资产品，如国债、央行票据等

四、社会关系

所谓企业的社会关系资源是指，企业与顾客、政府、社区、金融机构等个人或组织之间形成的良好关系。企业与客户经过长期合作而建立起的顾客忠诚，就会成为企业经营中获取强大竞争优势的一项重要资源。

企业存在于社会中，不可避免地要与外界的社会群体发生经济交往，进行利益交换。企业与外部环境发生的关系，主要分为三大块：企业和企业的关系、企业与生态自然的关系、企业与社会群体的关系，具体内容见下表。

关系	说明
企业和企业的关系	企业和企业的关系是市场竞争中竞争主体之间的关系。虽然竞争对手永远不会心慈手软，但企业依然要与竞争对手保持交往的畅通。彼此间有了一定程度的了解，企业间就会最大限度地降低公开交战的潜在可能性。现代企业讲究的是"竞争合作达到多赢"，即竞合双赢
企业与生态的关系	企业与生态的关系也就是经济发展与环境保护之间的动态平衡关系。一项民意测验表明：中国74%的城市消费者拒绝使用有损环保的产品
企业与社会群体的关系	企业与社会群体的关系是影响企业内部生存环境的最主要关系，实质上是微观和宏观对立统一的关系。企业本身是一个微观的主体，但其活动却是社会的

社会群体构成了企业生存发展的重要外部环境，他们对企业的看法决定着企业声誉的好坏。为了建立和维护良好的公共关系，必须加强与社会群体的交流和沟通，建立良好的公共关系。概括起来，同企业有利害关系的社会群体，包括客户、投资人、供货商、政府部门、新闻媒介与权威人士等。

1. 客户

企业与社会的关系，最重要的方面是企业与客户的关系。客户作为社会的一部分，是企业与社会关联的重要途径之一，企业的社会声誉往往通过企业产品品牌美誉度、企业信用度等来体现。企业要了解客户的想法，而客户需要了解企业在干什么、为什么这样干、对自己意味着什么。客户总是乐意与自己信任的企业交往，可信赖的双向交流是建立良好的、令人信任关系的基础。

2. 投资人

投资人需要了解企业的行为方式，而企业经营中出现的不利情形，让投资人保持对企业的信任具有极大的破坏力，因此，双方要进行信息的交流，消除误解，保持信任。

3. 供货商

当企业对供货商以礼相待并做到互通商情时，它们就成了促进企业发展的同盟者，它们能够为企业提供竞争对手及更为广泛的商界内部信息。

4. 政府部门

政府官员希望看到企业正在为公众利益而思考、忙碌着，为政府排忧解难，分挑重担。因此，必须妥善地传递企业的良好决策，使政府在与企业交往中发现互利因素。

5. 权威人士

许多大企业的公共关系名单中，都会出现在企业感兴趣的业务范围里很有影响的权威人士，被尊称为顾问、专家、老师。他们不仅学识丰富，新闻媒体经常会咨询并发表他们对企业的意见和建议。他们需要了解企业，企业更应该主动去结识他们、善待他们，并保持密切联系，主动提供企业信息。

6. 新闻媒介

媒体是企业与社会、客户、合作伙伴、政府主管部门等相关方面联系的纽带。当今世界，任何企业、任何人的事业成功，都需要借助传媒的力量。自觉主动而目的明确地借助传媒之力，策划生动的新闻事件，是企业建立良好公共关系的一项基本功。

"成也传媒，败也传媒"的经验和教训告诉我们：对新闻记者正当合法的采访要求，企业必须建立一套处理公共关系的规范，对所有员工进行训导，不卑不亢，谦虚谨慎，戒骄戒躁，以诚相待，与媒体保持良好的关系。

五、渠道

企业渠道类型主要有如下四种关系：

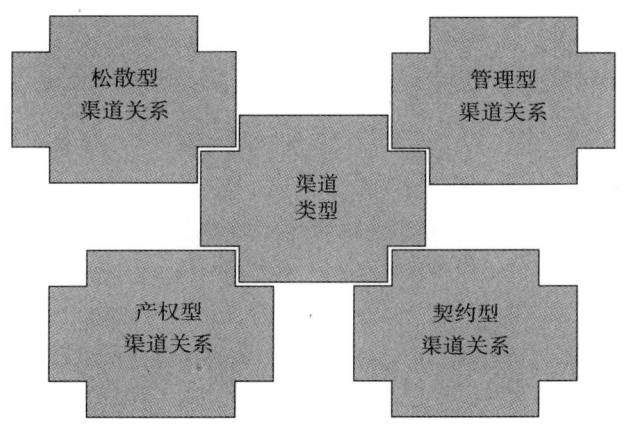

1. 松散型渠道关系

松散型渠道关系是指，整个渠道由各个相互独立的成员组成，任何成员都不具备足以支配其他成员的能力，每个成员只关心自身的最大利益，共同执行分销功能。

2. 管理型渠道关系

管理型渠道关系是指，由一个或少数几个实力强大、具有良好品牌声望的大企业依靠自身的影响力，通过强有力的管理，将众多的分销商聚集在一起，形成渠道关系。

3. 产权型渠道关系

产权型渠道关系是指，企业通过建立自己的销售分公司、办事处或通过实施产供销一体化战略而形成的渠道关系。

4. 契约型渠道关系

契约型渠道关系是指，在商品流通过程中，参与商品分销的各渠道成员，通过不同形式的契约，确定彼此的分工协作与权利义务关系，而形成的一种渠道关系。

上述四种普遍存在的渠道关系各有利弊，企业可以根据自身的实际情况和发展目标进行选择。其实，在实际中还存在一些混合的渠道关系，比如，产权型和契约型的混合，即销售分公司特加许可经营的形式等，这些混合的渠道关系可以使企业兼收两种渠道关系的优点，获得更好的分销效果。

六、团队

企业如何进行团队建设？

1. 建设明确的企业文化

当团队成员彼此都能相互信任、相互鼓励，共同面对一切困难时，任何一员都会感到身后巨大的力量。团队建设的关键在于领导人，在于价值

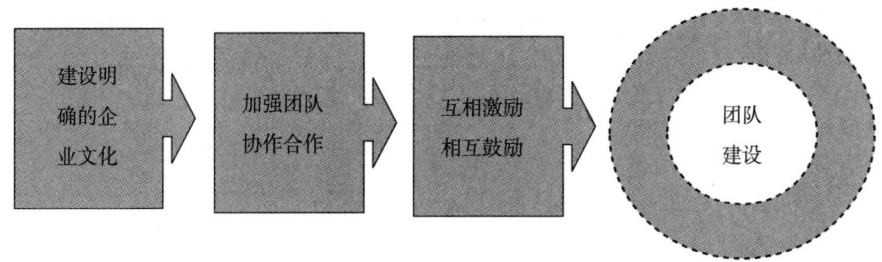

观，在于企业文化。团队建设靠的是企业文化，而企业文化的核心又是价值观。制度必须坚持，但政策可以灵活处理。目标的一致性，是团队建设的基石。

只有在所有成员对所要达到的整体目标一致肯定和充分认同时，他们才能为企业付出努力、最终共同实现目标。对于企业尤其是小型企业来说，奋斗目标的不确定性往往是导致最终失败的主要原因之一。

2. 加强团队协作合作

协作的优劣，是团队建设的关键所在。在一个企业里，通常都会以领导层、管理层、执行层为单位，分别存在不同的大小团队。领导层是三个团队中的核心团队，而企业的整体利益也必须成为任何一个小团队的利益中心，所有的行动指南。

此外，团队建设要定位好每个人的角色。准确的自身角色定位是团队建设的重要砝码。无论是一个企业、一个部门还是一个小组，如果想共同创造出优良绩效，对于每个个体都要做出准确定位。在很大程度上，最终导致绩效不佳的原因是，员工对自身在组织中的定位缺乏认识，定位不准、不足、不对，最终没能发挥应有的作用，没能尽到应尽的职责，反而不够积极，更有甚者起到了副作用。

3. 互相激励，相互鼓励

相互间的激励更容易在心与心之间产生共鸣、达成默契，从而形成团结、向上的整体工作氛围。相互间的配合、帮助、激励会使员工容易攻克难关和通向成功。

团队建设不是简单的事情，需要花更多的时间和精力在团队成员身上。

企业管理者要牢记：要想创造更高的绩效、达成更高的目标，就要建立一支高效、团结、向上的团队。

七、管理

企业管理，是对企业的生产经营活动进行计划、组织、指挥、协调和控制等一系列职能的总称。

笔者认为，简单地讲，管理就是通过别人完成自己想完成的事。

在转型时期，企业可以采用的管理模式有以下六点：

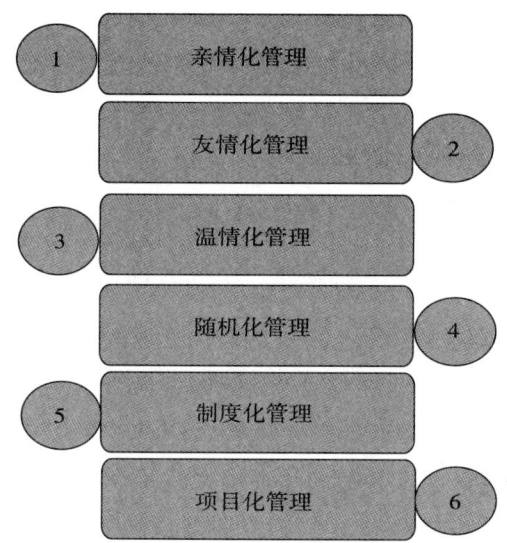

1. 亲情化管理

这种管理模式，利用的是家族血缘关系中的一个很重要的功能，即内聚功能，也就是通过家族血缘关系的内聚功能来实现对企业的管理。从历史上看，虽然在创业时期，这种亲情化的企业管理模式确实起到过良好的作用。但是，当企业发展到一定程度时，尤其是当企业发展成为大企业以后，这种亲情化的企业管理模式就容易出现问题。原因就在于，这种管理模式中所使用的家族血缘关系中的内聚性功能，会由其内聚性功能而转化成为内耗功能。这种管理模式之所以会存在，是因为国家的信用体制及法律体制还不完善，使得人们不敢把自己的资产交给与自己没有血缘关系的人使用，因而不得不采用这种亲情化管理模式。

2. 友情化管理

这种管理模式也是在企业初创阶段有积极意义，有着很强的内聚力量。但是，当企业发展到一定规模，尤其是企业利润增长到一定程度后，友情就会淡化，企业如果不随着发展而尽快调整这种管理模式，必然会导致企业衰落甚至破产。

有家民营企业叫"万通"，是由五个情投意合的人创办的一个友情化企业。创业时期，大家卧薪尝胆，完全不计较金钱。但是，当万通拿到第一笔大的利润时，就出现了摩擦，最后创业者各自另起炉灶。

3. 温情化管理

这种管理模式强调，管理要更多地调动人性的内在作用，使企业快速发展起来。经营企业，强调人情味的一面是对的，但是却不能把强调人情味作为企业管理制度的最主要原则。人情味原则与企业管理原则属于不同范畴，过度强调人情味，不仅不利于企业发展，还容易让企业失控，甚至破产。

温情化管理模式实际上就是，用情义中的良心原则来处理企业中的管理关系。在经济利益关系中，所谓的良心是很难谈得清楚的。用经济学的理论来讲，所谓的良心其实就是一种伦理化的并以人情味为形式的经济利益的规范化回报方式。因此，如果笼统地讲良心，讲人性，不触及利益关系，不谈利益的互利，是很难让员工好好干的。管理并不只是讲温情，首先要正确界定利益关系。只有在各种利益关系面前"毫不手软"的人，尤其对利益关系的界定能"拉下脸"的人，才能成为领导者，才能带领企业不断发展。

4. 随机化管理

在现实中具体表现为两种形式：

（1）民营企业中的独裁式管理。之所以把独裁式管理作为一种随机化管理，是因为有些民营企业的创业者很独裁。只有他一个人说了算，他可以任意改变规章制度，他的话就是原则和规则，随机性较强。

（2）发生在国有企业中的行政干预，即政府机构可以任意干预国有企业的经营活动，导致企业管理非常随意化。

可见，这种管理模式要么表现为民营企业中的独裁管理，要么表现为国有企业体制中政府对企业的过度性行政干预。很多民营企业的垮台，就是因为采用了这种随机化管理模式。创业者的话说错了，别人无法发言矫正，甚至创业者的决策做错了，别人也无法更改，最后企业只能垮台。

5. 制度化管理

所谓制度化管理模式就是，按照一定的已经确定的规则来推动企业管理。当然，这种规则必须是大家所认可的带有契约性的规则，同时这种规则也是与责任权利对称的。当然，未来的企业管理的目标模式是以制度化管理模式为基础，适当地吸收和利用其他几种管理模式的某些有用的因素。被管理的主要对象是人，而不是物品，人是有思维的，是具有能动性的，完全讲制度化管理也不行。因此，要适当地吸收一点其他管理模式的优点，综合成一种带有混合性的企业管理模式。

6. 项目化管理

项目化管理就是，在一定的条件与资源情况下，通过一系列的方法与手段，对所有的项目进行有条理、有效的管理活动，同时，对所管理的项目进行优化。具体来说就是，对活动从决策开始到结束的整个过程进行详细的有条理的管理。

将项目化管理应用在企业管理过程中，改变了过去较为传统的管理观念，主要有如下优势：

（1）项目化管理注重在整个项目的实施过程中进行全方位的监督与管理，有效补充了传统管理方式中对些许部门的遗漏。

（2）将参加整个项目的员工整合到一个流程内，有效增加了企业内部员工的团队意识，形成了企业的内部文化。不论是管理层，还是普通员工，都有参与这个项目的意识,都认为自己是某个项目中的一分子,不知不觉中就将员工捆绑到了一起,可以有效改善企业管理水平。

(3) 通过整个项目的整合与细致化的管理,加强了企业的内部管理能力,减少了相关部门之间的冲突与矛盾,优化了工作流程,可以有效降低企业成本,实现企业资源的优化配置。

八、行业地位

公司在所处行业中的竞争地位,显示了企业在行业的综合排序和产品市场的占有率。

公司行业地位的衡量标准主要有:①业绩,即盈利状况。②盈利能力,即利润是否高。③产品市场占有率,即市场份额。④公司价格策略,指是否处在一个具有定位市场价格的能力。通常有地位的企业是领导市场价格,而不是一味降价。

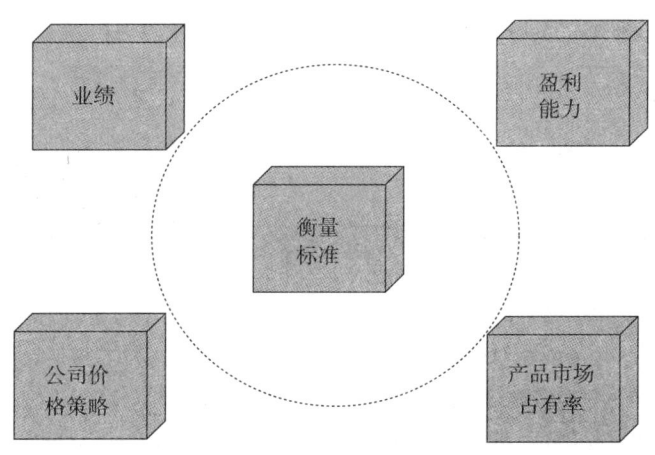

当然,要想了解企业在行业中的地位,就要进行行业地位分析,主要表现为:是否是领导企业;在价格上是否具有影响力,有没有竞争优势。衡量公司行业地位分析的主要指标是,产品的市场占有率和行业综合排序。

市场占有率指标是企业市场营销战略的核心，控制了市场，也就控制了定价权。

进行行业地位分析时，需要关注的是：行业本身所处的发展阶段及其在国民经济中的地位、影响行业地位发展的各种因素及其对行业地位影响的力度、行业地位的未来发展趋势以及行业地位的投资价值及投资风险。

当然，具体来说，进行行业地位分析，要重点从下面几方面做起：

1. 正确进行区位分析

区位即经济区位，是指地理范畴上的经济增长极或经济增长点及其辐射范围。上市公司的投资价值与区位经济的发展有着密切的关系，处在经济区位内的上市公司，一般都具有较高的投资价值。

2. 认真做好产品分析

产品分析的主要内容包括：产品的竞争能力分析；产品的市场占有率分析；产品的品牌战略行业分析。

（1）产品的竞争能力行业地位分析。产品的竞争能力行业地位分析的主要内容见下表。

内容	说明
成本优势分析	所谓成本优势指的是，公司的产品依靠低成本获得高于同行业其他企业的盈利能力。在很多行业中，成本优势是决定竞争优势的关键因素。通常，企业都是通过规模经济、专有技术、优惠的原材料和低廉的劳动力实现成本优势的。由资本的集中程度而决定的规模效益是决定公司生产成本的基本因素
技术优势分析	企业的技术优势是指，企业拥有的比同行业其他竞争对手更强的技术实力及其研究与开发新产品的能力。这种能力主要体现在生产的技术水平和产品的技术含量上。占销售额一定比例的研究开发费用，这一比例的高低往往能决定企业的新产品开发能力。产品的创新包括：①研制出新的核心技术，开发出新一代产品；②研究出新的工艺，降低现有的生产成本；③根据细分市场进行产品细分。技术创新，不仅包括产品技术，还包括创新人才

续表

内容	说明
质量优势分析	质量优势是指，公司的产品以高于其他公司同类产品的质量赢得市场，取得竞争优势

（2）产品的市场占有率分析。根据公司产品销售市场的地域分布情况，可以将公司的销售市场划分为地区型、全国型和世界范围型，销售市场地域的范围能大致估计一个公司的经营能力和实力；公司产品在同类产品市场上的占有率，公司的市场占有率是利润之源。

（3）产品的品牌战略分析。在品牌战略分析中，品牌具有产品所不具有的开拓市场的多重功能，主要指：品牌具有创造市场的功能；品牌具有联合市场的功能；品牌具有巩固市场的功能。

九、财务

财务也是企业的重要内容。所谓企业财务指的是，企业在生产经营过程中客观存在的资金运动及其所体现的经济利益关系，简单来说就是财务活动和财务关系。

财务的主要功能主要包括这样几项：

1. 凭证管理

具体内容有：凭证录入，凭证查找，凭证审核，凭证登账，结转，期末结账，逐月打印凭证，各科目打印。具体内容见下表。

内容	说明
月末结转	一个会计期间结束后，本模块将把损益表科目余额自动转入本年利润科目的借贷方当中，生成相应的会计凭证，同时处理该凭证登账业务，系统设置了三项结转方式，也可根据自己的实际情况进行对结转方式的增加与修改

续表

内容	说明
期末结账	到期末将所有的会计核算科目的借贷方累计发生额及多栏账明细科目累计发生额进行结转，并作为期初数参加下一会计期间的核算。系统提供反结账的功能键：对已结账的会计期间凭证进行修改时，要进行反结账后才可修改
凭证查找	根据财务业务的特点，系统设置了凭证查找功能，并提供了多条查找条件供工作人员选择，既方便了工作，又提高了查找速度。设置的查询条件有：按凭证日期、凭证编号、会计科目、科目代码、摘要等条件进行查询
凭证查看	可以从中查看凭证的汇总表，也可以根据未审核或未登账的凭证列表，进而检查凭证
凭证向导中个体业主的账目管理	根据国家财政制度，个体企业建账的需要，系统提供对应的模块，方便个体业主的财务建账与制表。业主只需输入收支金额，系统即可自动生成凭证、账簿与报表

2. 账簿管理

账簿是方便企业对其经营项目的总体情况在财务方面的总结与体现。系统可以自动生成总账、科目明细账、数量金额账、多栏账、固定资产账及增值税账。工作人员可以根据需求进入各类账簿，进行预览或打印；还可以将账簿的数据转换成 Excel 文件，实现数据导出。具体内容有：总账、科目明细账、数量金额账、固定资产台账、固定资产明细账、多栏账、增值税账。

3. 报表管理

具体内容有：资产负债表、利润表（损益表）、库存月报表、自定义报表。工作人员可以根据实际情况选择自己的报表模块进行计算、打印。

系统与 Excel 的转换，可以设置的打印格式有：

可自由定义单元格式的对齐方式及数据项：靠左、靠右、居中等，自由设置页边距。

可自由设置边框距与斜线：多种边框线、边框线的颜色。

可自由设置单据的字体大小：设多种字体、字号、字型、调整字体的长度与颜色。

可自由设置报表的数据行数。

提供多种背景与背景颜色的选择。

可自由定义纸张的大小。

4. 企业资料管理

具体内容有：科目设置、企业资料设置、凭证向导设置、凭证摘要设置、用户权限设置、行业类别及税率设置。

5. 系统功能维护

具体内容有：操作员授权、用户密码修改、备份数据、报表设计等。

6. 超级工具

企业报表一次性打印，导入模块设置，清空资料设置，设置打印规格，压缩数据，清算数据，核对资料。

十、战略

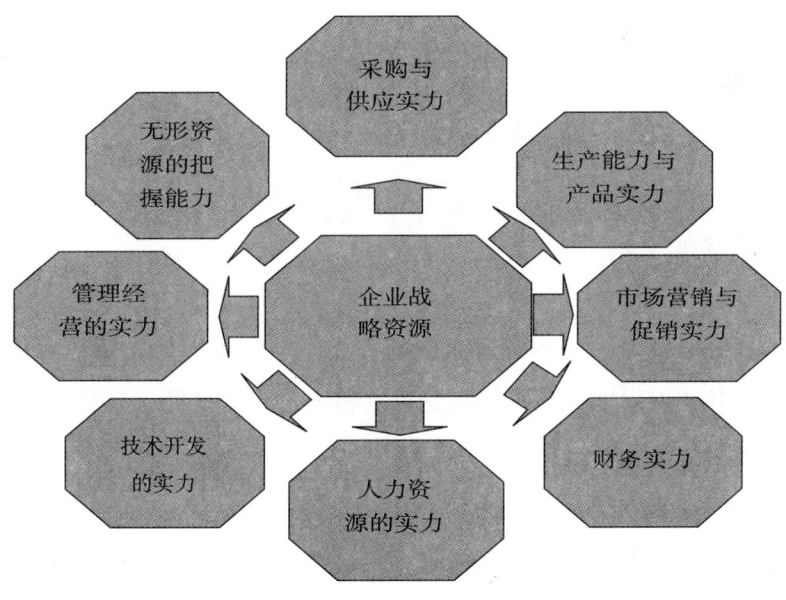

所谓企业战略资源指的是，企业用于战略行动及其计划推行的人力、财力、物力等资源的总和。其中也包括时间与信息，因为它们是无形的，很少被人关注。而时间和信息在某种条件下可能会成为影响企业战略实施的关键性战略资源。

具体来讲，企业的战略资源包括：

1. 采购与供应实力

采购与供应实力主要表现为企业是否具备有利的供应地位，与自己的供应厂家关系是否协调，是否有足够的渠道保证，能否以合理的价格来获取所需的资源。

2. 生产能力与产品实力

生产能力与产品实力主要表现为企业的生产规模是否合理，生产设备、工艺能否跟得上潮流，企业产品的质量、性能是否具有竞争力，产品结构是否合理。

3. 市场营销与促销实力

市场营销与促销实力主要表现为企业是否具备开发市场的强大实力，是否有一支精干的销售队伍，市场策略是否有效等。

4. 财务实力

财务实力主要表现为企业的获利能力与经济效益是否处于同行前列，企业的利润来源、分布及趋势是否合理，各项财务指标及成本状况是否正常，融资能力是否强大等。

5. 人力资源的实力

人力资源的实力主要表现为企业的领导者、管理人员、技术人员等素质是否一流，其知识水准、经验技能是否有利于企业的发展，其意识是否先进，企业的内聚力如何等。

6. 技术开发的实力

技术开发的实力主要表现为企业的产品开发和技术改造的力量是否具备，企业与科研单位、高校的合作是否广泛，企业的技术储备是否能在同行业中处于领先地位。

7. 管理经营的实力

管理经营的实力主要表现为企业是否拥有一个运行有效、适应广泛的管理体系，企业对新鲜事物的灵敏度如何，反应是否及时、准确，企业内是否有良好的文化氛围，在企业内是否形成良好的分工与合作，能否进行有力的组织等。

8. 无形资源的把握能力

无形资源的把握能力主要表现为企业是否能充分去获取、储备和应用各种资讯，时间管理是否合理等。

企业的这些战略资源的整合，基本上就构成了竞争实力。战略资源本身也具有如下特点：

（1）战略资源的流动方向和流动速度取决于战略规划的决定。

（2）企业中可支配的资源总量和结构具有一定的不确定性，在战略实施的过程中，资源的稀缺程度、结构等会发生各种变化。

（3）战略资源的可替代程度高。由于战略实施周期长，随着科学技术的进步，原来稀缺的资源可能会变得十分丰裕，也可能发生相反的变化。

（4）无形资源的影响程度无法准确确定，例如，信誉资源对企业获取公众的支援、政府的帮助会产生很大的影响。正因为如此，企业的战略管理者在实施战略时，必须充分了解这些战略资源的内在特质，并做出适当的预防措施，只有这样，方能保证战略的平稳运行。

第五章 竞争市场如何调研

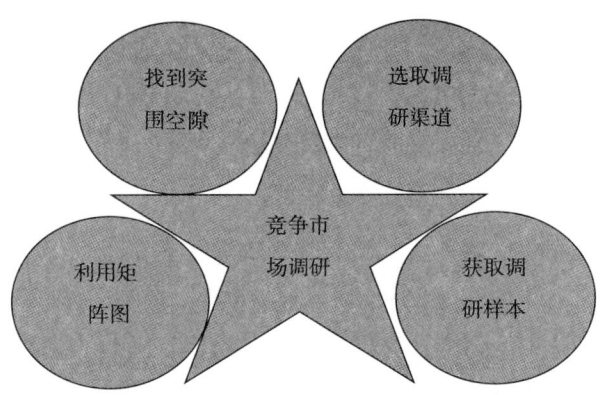

一、选取调研渠道

市场调研是企业必须要做的事情之一,做好市场调研能够有效帮助创业者了解市场、制定竞争策略。当然,如何做好市场调研,首先就要选取合适的调研渠道。

1. 从哪里收集信息

开展市场调研,首先要明确你可以通过哪些渠道获取市场信息。普通创业者的信息渠道包括:

大众传媒,如报纸、杂志、互联网、图书、音像、电视、广播,尤其是杂志或出版社的专题刊物和出版物等。

政府的统计资料、月报、公报,相关的研究论文和报告等。

政府的相关机构,尤其是劳动和社会保障部门设立的创业指导中心和就业指导中心。

行业协会、业内民间团体,如俱乐部等。

专业咨询和服务公司。

项目的招商单位。

各种与创业相关的展会和活动。

要考察和了解的对象,如潜在目标客户和同类经营者(竞争对手)等。

2. 获取想要信息的途径

市场调研的渠道有很多,但对于小本创业者来说,以下的调研方法比较经济有效:查阅或索取资料、参会和上门咨询等,从媒体、相关机构和展会活动等地,收集有关项目、市场分析及其他的相关信息。这些调研方法范围广,信息较全面,最为常用。具体内容见下表。

方法	说明
现场观察	进行数据统计,比如,可以在某项服务经营者的店内或附近统计往来人流和顾客消费情况
问卷调查	设计调查问卷采集信息,比如,可以针对某项产品的潜在客户群,进行消费意向问卷调查;可以通过登门拜访、打电话、举办免费活动;可以在目标人群集中的地方用随机访谈等方法进行问卷调查
电话询问和咨询	可以直接致电经营者或某主管部门,了解相关情况或政策法规
考察访问和访谈	收集与核实信息,在就某一问题或情况进行深度调研及核查时,这种方法比较有效。为了达到较好的效果,最好在访问和访谈前做一定的准备,如草拟好问题单
活动调查	举办能够吸引目标人群参加的活动,比如,有价值的咨询、产品演示或专题讲座等,收集反馈信息。活动中,可以开展问卷调查、随机访谈或问题讨论等

二、获取调研样本

调研样本是指调查时所抽取的调查对象。

网络调研样本库来源主要有以下几个方面：网站合作伙伴、Google、百度搜索引擎、博客/论坛招募、会员口碑推荐，以及网络拦截等。

通过智能化的问卷检测系统和样本关系管理活动，可以对每个受访者和调查问卷回答的真实性进行实时智能评测，过滤掉不合格的问卷并淘汰不合格的受访者，最大程度地保护了企业调查问卷的真实性。

调查样本库的优势可以从高效率、高质量两方面分析，具体内容见下表。

优势	说明
高效率	网页、邮件多种回收渠道，结合独特的合作推荐模式，大大延伸了答卷数据来源范围，可以在短时间内收集到大量高质量的答卷，帮助公司了解潜在消费者的需求；让更多人通过企业问卷了解到公司的产品和服务，扩大公司的知名度和影响力，达到一举多得的效果。同时，通过专业的问卷调查平台，企业可以在线设计问卷，实时查看最新答卷并进行统计分析，真正做到一站式服务，高效、快速地回收样本
高质量	可以设置指定城市、指定年龄、指定性别等条件的人来答卷。其中，指定城市由系统自动识别，不是该城市的被访者是看不到问卷的，而指定年龄或指定性别的被访者在告之是不合格对象后，是不能再次进入问卷答题的。已成功的被访者也是不能再次答题的。通过设置总的答卷时间来控制质量，如果答卷时间太短，系统也会自动判断为不合格问卷。还可以设置多种筛选规则、甄别页、配额控制等条件自动筛选掉无效答卷，同时支持人工排查以确保最终数据的有效性

1. 调查样本

问卷调查样本服务是指，在自身专业的在线问卷调查平台的基础上提供的一项增值服务，帮助企业邀请符合条件的目标人群填写问卷，以最低成本在最短时间内回收到所需的宝贵数据，是企业进行各种类型市场调查、学术调研的利器。

作为企业，最担心的莫过于在线研究的样本是否真实，反馈的数据是否可靠，因此最好建立一个在线市场研究样本库。

现在，很多调研公司已经建立起来，包括上海、北京、广州、深圳、成都、西安、中国香港等大城市在内的上百万名受访者的样本库，覆盖了包括华东、华南、华北、西南和西北在内的主要不同地域市场。这些受访者样本库包含14~65周岁的各年龄段、不同收入情况和不同职业的男女消费者，理论上能满足调查员的各种调查需要。

2. 调查样本的质量控制

要想控制好调查样本的质量，就要从下面两方面做起：

（1）源头把关。样本库成员都是专业的调查网站上填写过问卷并且自愿接收邀请继续填写其他感兴趣的问卷的成员，进入样本库之前要提供真实样本属性，如年龄、性别、职业、收入等，系统还会定期提示成员更新样本属性。

（2）淘汰机制。每份答卷提交后都会经过自动筛选规则的筛选和客户人工排查，不符合要求的答卷将被标记为无效答卷。如果某一成员填写的答卷被标记为无效答卷的次数超出一定比率，系统会自动移除该成员，不再允许其作答。

3. 被访者控制

对被访者的控制，可以从下面几方面做起：

（1）精确定位。通过性别、年龄、地区、职业、行业等多种样本属性，精确定位目标人群。

（2）甄别页。通过设置甄别页，进一步过滤掉不符合条件的填写者。

（3）防重复。对于任何一个样本服务的项目，同一个IP地址、同一台电脑、同一用户名的，只能填写一次，包括被筛选为无效答卷或者被甄别页排除掉的填写者也不能再次填写。

4. 填写过程控制

对于填写过程的控制，可以从四方面做起，具体内容见下表。

方法	说明
自动筛选规则	支持多种无效答卷筛选规则，例如，可以设置填写所用时间过短、陷阱题规则来筛选掉随意填写的答卷
选项配额规则	对任意单选题的选项都可以设置配额，支持隐式配额和显式配额规则
答题时间控制	支持对每一页单独设置最短答题时间或最长答题时间
随机调整顺序	支持随机调整题目或选项的顺序

5. 执行效果的跟踪

在项目执行过程中，企业可以随时登录像"我要调查网"这样的样本服务平台查看到最新答卷的详细情况，对不符合要求的答卷进行人工排查。只有经过确认达到订单中约定的目标后，项目才会结束。

三、利用矩阵图

矩阵图法就是，从多维问题的事件中，找出成对的因素，排列成矩阵图，然后，根据矩阵图来分析问题，确定关键点的方法。它是一种通过多因素综合思考，探索问题的好方法，从问题事项中，找出成对的因素群，分别排列成行和列，找出其间行与列的相关性或相关程度的大小的一种方法。

在复杂的质量问题中，一般都存在许多成对的质量因素，将这些成对因素找出来，分别排列成行和列，其交点就是其相互关联的程度，在此基础上再找出存在的问题及问题的形态，就可以找到解决问题的思路。

矩阵图的形式如下图所示。

		B				
		b1	b2	b3	b4	
A	a1					
	a2					
	a3					
	a4					

其中，A 为某一个因素群，a1、a2、a3、a4 属于 A 这个因素群的具体因素，将它们排列成行；B 为另一个因素群，b1、b2、b3、b4 属于 B 这个因素群的具体因素，将它们排列成列；行和列的交点表示 A 和 B 各因素之间的关系，按照交点上行和列因素是否相关联及其关联程度的大小，就可以探索出问题的所在和问题的形态，也可以从中得到解决问题的启示等。

质量管理中所使用的矩阵图，其成对因素一般都要重点分析质量问题的两个侧面，比如，生产过程中出现了不合格时，要分析不合格的现象和不合格的原因之间的关系，因此，需要把所有缺陷形式和造成这些缺陷的原因都罗列出来，逐一分析具体现象与具体原因之间的关系，这些具体现象和具体原因分别构成矩阵图中的行元素和列元素。

矩阵图的最大优点在于：寻找对应元素的交点很方便，不会遗漏，显示对应元素的关系很清楚。

矩阵图法还具有以下几个特点：可用于分析成对的影响因素；因素之间的关系清晰明了，便于确定重点；便于与系统图结合使用。

四、九格图

利用九格图进行层层分析，挖出解决问题的系统和具体策略。下表为一个示例表。

1. 环境政策	1. 产品单价上升 12%	1. 基础知识	1. 成交流程
2. 竞争品牌	2. 材料上升 2%	2. 专业知识	2. 产品知识
3. 渠道数量	3. 包装上升 4%	3. 相信知识	3. 如何邀约
4. 渠道质量	4. 增加退换服务	4. 销售技巧	4. 如何面谈
5. 客单价	5. 培训员工	5. 考核	5. 如何下痛点
6. 返单频率	6. 放入高档渠道	6. 纳入晋级	6. 风险逆转
7. 产品线	7. 增加促销	7. PK 赛	7. 承诺
8. 销售政策	8. 提高宣传	8. 领导牵头	8. 赠品策略

五、找到突围空隙

一个产品要想进入一个市场，必须具备一定的优势。

所谓市场空隙，就是指在一个整体的市场范围里，设定一些考查变量（如规模、需求等），并对这些变量进行分析、聚合，找出那些变量聚合度最高的。

这些市场空隙形象地说就是，有一个大致相近的轮廓的购买者群体。企业要根据本身的资源及战略目标决定选择哪一类或哪些类空隙作为目标客户，并采用针对性营销组合策略加以开发。

市场空隙的程度用层次描述，一般分为四个层次，每一层对应一种微观营销模式：细分→补缺→本地性→个别层。

市场细分的方法有很多，这要取决于市场类别、细分的目的和设置的各细分变量的种类及其组合。同时，要以企业产品的功能属性细分最为根本和基础；以终端客户倾向于某种功能属性的程度（偏好）为变量，再加以总结。通常使用的方法，根据市场特征可以分为：消费者市场、行业市场等。

把市场分析透彻，就可以找到突围的市场空隙，对企业的发展大有裨益。当然，知道了空隙市场，也就有了自己的目标市场。

做企业，首先就要确定目标市场，产品不适合当地人群，即使开展大量营销、参加展会、参加贸易平台等，也是在纯粹浪费钱，对公司的成长毫无帮助，甚至会毁掉公司的前程。

第六章　客户画像 10 标准

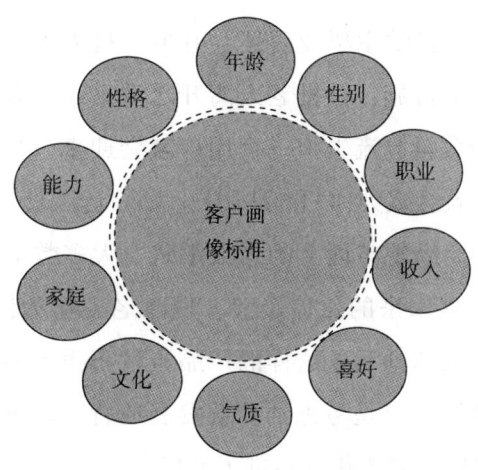

用户画像又被叫作用户角色,是根据用户特点而勾勒出来的用户画像,包括:地区、县市、归属地、姓名、性别、年龄等用户属性的数据。

企业借助用户画像,可以全方位了解用户需求,进而实现产品的准确定位和精准营销。PC、手机、智能设备的数据,在被处理后,就可以形成一个个"用户画像"。

用户画像有三种:一是消费者,二是中间商,三是团购或政府用户。

一、年龄

年龄因素对消费者有着重大的影响,婴幼儿、青少年、中年人和老年人对消费品都有着不同的需求和指向。

转型与共享

有一年回老家过年,我给我妈带了一部小米手机,想让我妈也体验一下智能手机。

我妈是一个典型的农村老太太,小学学历,一直在农村务农。在给她介绍手机使用的过程中,我发现,对于农村老人而言,用户的培养成本很大。即使她知道如何拨打电话、发短信,依然不会使用其他应用和游戏,没人指导,根本就无法自己玩转手机。

这次经历引起了我的一些思考。从人群的分类上讲,可以将用户分为学生、白领、老人等,一批学生毕业后还会有另一批人进入学校成为学生,而毕业了的学生就成为上班族;一批老人离开之后,还会有另一批人被称之为老人。只看用户群的数量,流失掉一批用户就会迎来一批新的目标用户,但是新的群体并不一定就会成为你的产品用户。

以老人手机为例。纵观市面上的老人手机,大多数都以扩大拨号键为产品的主要优势,考虑到未来的发展趋势,现在老人机的做法是不可持续的。因为,当父母这一辈人离开后,这样的产品也就不再有需求了。你可能会说还会有新的老人,没错,但是考虑到社会发展的背景,近几年城镇化发展特别快,很多出生农村的年轻人也都住进了城里。

其实,只有父母这一辈人对网络的认知比较缺乏,对互联网产品的使用不易接受,等现在的中年人、年轻人变老,他们使用普通的智能手机完全没问题,而且,他们也会追求手机的功能性和美观性,旧有的老人手机是很难满足他们需求的。用户的某些需求是由特定的社会环境造成的,不要让你的产品随着用户量的自然消失而失败。

做产品,不仅要考虑未来的技术发展,还要考虑用户群的年龄,不能这批用户流失后就没有新的用户了。当然,这也得看是什么产品。虽然是借老人手机来说这个话题,但从盈利角度讲,老人手机的商业模式是没有问题的。可是,因为它是靠硬件销售来赚取利润,即使已经没有了用户,产品在很长的一段时间内,依然可以盈利。

顾客的年龄对其购买行为的影响是非常显著的,处于不同年龄层的顾客,由于生活经历、兴趣爱好的不同，对商品的要求和选择也会不同。

1. 儿童顾客

与其他年龄阶层顾客相比，儿童顾客对事物尤其是新奇事物有强烈的好奇心和占有欲望，比如，对带有卡通人物商品的喜爱。但一般儿童顾客对这类商品失去兴趣的速度也很快，消费情绪不稳定，有极强的追随性、模仿性，广告等外界因素对儿童消费心理影响很大。

2. 青少年顾客

青少年顾客在选购商品时，喜欢追求新潮流新时尚，喜欢关注新奇的事物和现象。对待青少年顾客，千万不能用大人教育小孩的口吻，应更多地关注、尊重和理解他们的想法，多给他们介绍一些新奇的、新潮的商品，多倾听他们的意愿，满足其渴望自主的心理需求。

3. 青年顾客

青年顾客是主要消费群体，他们的消费能力很强，市场潜力也很大。他们渴望展现自己身材、凸显个性，购物行为更多地带有感性色彩，消费意愿很强烈，具有冲动性。大多数都关注商品的前沿性，品牌的精神、个性及象征性意义，不太关注商品的使用价值。

4. 中年顾客

中年顾客大多已经拥有稳定的职业、安定的家庭，且具有一定的经济基础。因此，中年顾客的消费能力极强。同时，由于要承担家庭重任，他们对商品的选择就会很慎重，更注重商品价格、品质、外观与实用性的统一，不会盲目购买。对待中年顾客，导购用语要得体，要关注中年顾客的内心需要。例如，当中年夫妇共同选购时，要多关注太太的看法，因为多数先生愿意听从太太的选择，但也不要忽视、冷落先生。

5. 老年顾客

一般来说，老年顾客购买行为较为谨慎、理智，不具有经常性、持续性的特点。对于老年顾客，要态度耐心一点、语速慢一点、声音高一点。要随时让顾客感觉到你的谦虚、诚恳，下次就会愿意再来。

中间商涵盖的行业有：针织、服装、医药、保健品、美容、美发、保健院、按摩中心、餐饮、会所、协会等。

要了解行业的特征及痛点。例如，针对针织类实体店如何进行销售的问题，我们与纯真日记创始人马庆宣进行了一系列对话：

主编：马总，您中间商的对象是谁？

马总：所有行业啊，互联网是无形无象的。所有人都是我们营销的对象，但是我们针对不同的行业进行了分类，对不同行业如何融合我们产品进行了详细的研究和落地。

主编：比如说？

马总：针织行业的零售店，目前有三大痛点：一是流量，二是销售，三是盈利点单一。

主编：怎么说？

马总：我们现在的产品是帮助实体店进行引流的。怎么引流呢？就是购买698元产品，送一盒价值398元的国际品牌卫生巾，送10年的免费卫生巾，再送2498元的净水机一台。

主编：这么神？

马总：这就是我们商业模式的核心所在。我们通过搞一个活动，1天时间帮助客户赚10万元。难道不是帮助客户引流做销售吗？

主编：是的。

所以，纯真日记CEO陈秋娟告诉我们，通过短短2个月时间，销售了5万盒纯真日记，吸纳了4万个粉丝，创造了卫生巾这个"红海"市场的"蓝海"，成为行业的一个奇迹。当然其成功也离不开深圳环球共享咨询团队的全程策划。

这里要说的是，我们在进行顶层设计时，一定要考虑如何解决客户的核心痛点。你的产品或商业模式是为了解决他们的问题而来的，解决问题越多，市场就越大。

二、性别

消费者性别差异也会带来需求的不同。

男女消费者对某些商品的需求是有区别的，比如，由于妇女的特殊需要，在很多商场都设立了妇女用品专卖商店或柜台；男性消费者对某些商品的需求，妇女就没有。

性别是人类差异最大的特征之一，又是群体行为、偏好和需求等方面的基本影响因子之一。性别识别的重要性和价值性不言而喻，每个用户画像产品的构建，基本都会遇到性别标签的识别需求。

目前，业内用户性别识别的方法很多，最大的特点是基于用户的行为进行用户识别，识别的准确性也参差不齐。笔者认为，影响识别准确性的关键原因在于，这些用户行为蕴含的性别影响因子有多大。如果性别的区别对这些行为没有多大的影响力，模型和算法的准确性就会遇到明显的瓶颈。同时，基于用户行为的性别识别涉及的数据面非常广、数据依赖链条很长、数据计算复杂度很高，识别效能反而成为了痛点。

1. 男性顾客

男性顾客的购买行为相对较少，且多数都是有目的性的购买。他们一旦决定购买某种商品，比女性更容易作出购买决定，其心理特征见下表。

心理	说明
怕麻烦	男性顾客购买商品，特别是较低档的商品时，有时为了避免麻烦，即使出现了错误，也很少再回去
目标明确选择果断	男性顾客一旦选定符合自己心理需求的购买目标，就会毫不犹豫地购买，而且购买后一般不会后悔
注重商品品质不在意价格	男性顾客为了体现身份，对商品品质要求价高。如果品质达到要求，即使价格较高，也要购买

2. 女性顾客

女性顾客是企业最重要的顾客，是消费的主力军。女性在没有安全感或心情不愉快时，多数会选择一个排泄情绪的方式——购物。在购物过程中，他们的目标可能不是很清晰，为了体验购物的快感，经常会买一些原本不需要的商品。

女性顾客一般都希望自己购买的服装符合时尚潮流，渴望得到他人的认可、赞许，这些都是女性顾客特有的购物心理。因此，在面对女性顾客时，要注意把握女性独特的心理特征及消费行为。

（1）注重外观，易动感情。女性顾客购物时一般都带有感性色彩，容易被现场气氛所感染，因此门店要在环境、服装搭配、导购服务等方面给顾客留下第一印象。

（2）对价格敏感，精打细算。女性顾客购买商品时比较注重价格，大部分女性经常会买一些不需要但价格便宜的商品。

（3）购买目标模糊，具有从众心理。女性顾客尤其喜欢追逐潮流，对时尚性、流行性强的商品特别感兴趣，希望购买符合社会潮流的商品。

（4）较强的自尊心和自我意识。女性对外界事物反应敏感，在购买过程中，导购的表情、语言、行为和评价都会影响女性顾客的消费心理和消费行为。

（5）求全心理。女性顾客既注重服装的外观形象，又重视使用价值，希望能够买到经济实惠又不失品位的商品。

三、职业

客户的职业，影响客户的消费结构和购买商品的习惯。随着现代社会日趋复杂，人们的分工越来越细，职业对社会生活的影响日益加深，表现在商品选择意向上，职业特征会直接影响人们对商品的偏爱与嗜好。比如，不同职业的消费者，由于生活与工作条件不同，对商品的式样、设计、包装、质量、数量等也有不同的要求。

不同职业的消费者对消费心理和消费行为上有很大的影响。首先，职业特点会影响到消费者的购买心理和消费行为，比如，企业家和医生的消费方式就有显著的不同；其次，从事不同的职业，经济收入也不一样，消费者需求的实现能力自然也就不同。一般来说，收入较高的消费者在消费时会显得十分大方慷慨，而收入较低的消费者则必然显得小心翼翼。

1. 企业家

企业领导者一般都心胸开阔、思想积极，购物时，当场就能决定购买与否，他对交易的实际情形也了如指掌。对于这类客户，可以称赞他在事业上的成就，激起他的自负心理，然后，再热忱地为他介绍商品。

2. 中层管理者

这类客户通常都头脑精明，面对销售商，有时会显得傲慢而拒人于千里之外，完全以当时的心情来决定对商品的分析及选择；他们不喜欢承受外来压力，只想安分地做自己份内的事。虽然他表现得很自信、很专业，但只要谦虚地进行商品说明，多半都会成交。

3. 公司职员

这类客户通常都有一些保守，疑心重，不会凭一时的冲动做事。他们比较喜欢系统的事物，讨厌压力，选择商品时，会以握有权力者的态度做分析。对于这类客户，只要认真介绍，往往就会取得良好的效果。

4. 工程师

工程师一般都比较理性，很少用感情来支配自己，对任何事情都想追根究底，不会冲动购买，无法引导他们的购买动机。此时，只有衷心热忱地介绍商品的优点，同时尊重他的权力才有效。

5. 设计师

这类客户关注商品的方面往往与众不同，他们对于将来的看法既乐观又悲观，在思考的过程中容易动摇。对于这类客户，要强调商品所具有的优点，在说明商品的效用时应适当施加压力。

6. 专家

专家一般都心胸开阔，富有积极性，购物时可以当场决定，了解交易的实际情况。如果想将其搞定，只要对其事业多加称赞。当然，除了积极地介绍商品外，还要在他们的自负心理上下功夫。

7. 公务员

这类顾客一般都无法自己决定，即使销售员说明了商品优点，也不会随便相信。因为他们的提防心理很强，想法带有官僚作风，如果不积极进攻，他们就不会买。对待这类客户，开始时要稍微保守地介绍，然后慢慢地逼近。如果不花费时间、没有热情，就无法完成交易。

8. 医生

医生一般都是具有保守气质的知识分子，会柔和地夸示此点。虽然善于思索，但如果知道了商品的价值，也会立刻购买。要对他们展示自己的专业知识，而且推销时必须保持体面。

9. 教师

这类客户一般都思想保守，是典型的思索者，会慢慢地考虑事物。对于任何事情，如果不理解，就不会投入、不会兴奋、极端谨慎。关于商品，会提出其他人都不会想到的问题。这类客户常会提及一些自己的得意门生，要认真聆听，同时不妨说些奉承之言，采取有意向他学习的态度。只要能激起他们的自尊心，往往就能成交。

10. 退休者

这类客户只能以有限的收入来维持生活，在购买商品时，往往采取比较保守的态度，决定及行为也都很慢。对这种客户进行商量说明时，必须恭敬而稳重，一定要把商品的价值凸显出来。因此，如果速求交易，一般会很难促成他们购买，应以引导为主。

四、收入

个人收入的多少也是影响消费者需要的重要因素。

在商品经济条件下，消费的实现是以购买能力为基础的。低收入的消费者，对于高级昂贵的消费品没有购买能力。在我国，一部分先富起来的消费者，已经购买了摩托车、小汽车、高级住宅等。更令人惊奇的是，买钢琴的也不少。随着现代社会分工日益细化，职业和工资收入对人们的购买行为，消费习惯影响越来越大。

1. 高收入阶层（年薪 100 万元以上）

此阶层顾客的收入极高，生活水平、社会地位均在社会上层。他们倾向于高档次、高品质、高品位的商品。具体来说有以下几点：

（1）不在乎价格，只要能满足他们的审美需求。

（2）对商品品质要求非常高，绝不购买不符合身份或品质低的商品。

（3）注重品牌。一旦认准某个品牌，就会长期选择该品牌商品。

（4）更喜欢有特色、符合时尚潮流的商品。

（5）对购物环境，门店服务等要求较高。

为高收入人群顾客服务时，需要具有专业的素养、良好的形象和高雅的审美观。在平时的工作和生活中，导购要经常了解相关行业信息。

2. 中等收入阶层（年薪 1.2 万 ~ 100 万元）

此阶层顾客的收入跨度较大，人数较多，因此可以分为：中上阶层、中中阶层和中下阶层，如下表所示。

阶层	标准	特点
中上阶层	年薪 40 万 ~ 100 万元	消费观念向高收入阶层靠拢，有时会适当消费某些国际高档品牌；追求服装给予的审美感受；主要考虑服装本身的因素，如外观、品质，价格是其次
中中阶层	年薪 10 万 ~ 40 万元	讲究品牌；购物时更注重商品的品质；喜欢到品牌专营店或是高档综合性商场购物
中下阶层	年薪 1.2 万 ~ 10 万元	追求美观与使用并存，希望购买到物美价廉的商品；比较讲究品牌，但对品牌的忠诚度不高；购物时会在商品的质量与价格两方面进行权衡后再决定；较喜欢在中档综合性商场购物

3. 低收入阶层（年薪1.2万元以下）

此阶层顾客生活水平、社会地位不高、收入微薄，其购物特点有：价格是第一考虑因素；购物以实用为主；喜欢购买促销商品或减价商品。

4. 无收入阶层

主要包括学生等其他无收入来源的人群。学生是这一阶层的主要消费群体，这一阶层的购物特点有：由于学生消费的经济来源主要是家长，通常消费层次不会太高；十分关注潮流的变化，追求时尚，追求新潮；喜欢款式别致、价位较低的商品。

五、喜好

消费者偏好指的是，消费者对一种商品（或者商品组合）的喜好程度。消费者会根据自己的意愿对可供消费的商品或商品组合进行排序，这种排序反映了消费者个人的需要、兴趣和嗜好。

兴趣具有个别差异的特征，反映到消费者购买商品种类的倾向性上，就会出现四种常见类型，具体内容见下表。

类型	说明
偏好型	此类消费者的兴趣非常集中，甚至可能带有极端化的倾向，直接影响到他们购买商品的种类。有的消费者会想办法寻找自己偏好的商品；有的甚至不惜压缩基本生活开支而购买某类商品。如收藏家有时为一张邮票、一盆花，甚至会倾其所有
广泛型	这类客户，兴趣广泛，对外界刺激反应灵敏，可以受到各种商品广告、宣传、推销方式的吸引或社会环境的影响，购买不拘一格
固定型	此类消费者兴趣持久，是某些商品的长期顾客。他们的购买行为具有经常性和稳定性的特点。与偏好型的区别在于，偏好的程度没那么深
随意型	这类客户的兴趣容易发生变化，一般没有对某种商品的特殊偏爱或固定习惯，也不会成为某商品长期的忠实消费者，容易受到周围环境和主体状态的影响，会不断转移兴趣的对象，因时而宜地购买商品

六、气质

依据消费者的气质不同,我们可以对四种典型的消费者的购买行为作如下描述:

1. 胆汁质型消费者

这类消费者表情外露,心直口快,选购商品时言谈举止显得匆忙,一般对所接触到的第一件合意的商品就想买下,不愿意反复选择比较,因此会快速地甚至是草率地做出购买决定。

到了市场上,他们就想完成购买任务,如果等候时间稍长或工作人员的工作速度慢、效率低,都会激起其烦躁情绪。他们在与工作人员的接触中,言行主要受感情支配,态度可能在短时间内发生剧烈变化,挑选商品时以直观感觉为主,不会慎重考虑。可以适当向他们介绍商品的有关性能,引起他们的注意和兴趣。另外,还要注意语言友好,不要刺激对方。

2. 多血质型消费者

这类消费者会受到商品的外表、造型、颜色、命名等的影响,但有时注意力容易转移,兴趣忽高忽低,行为易受感情的影响。他们比较热情、开朗,在购买过程中,愿意与工作人员交换意见或者与其他消费者攀谈,有的会主动告诉别人自己购买某种商品的原因和用途;他们喜欢向别人讲述自己的使用感受和经验;自己不知道,也希望从别人那里了解到。另外,选购过程中,容易受到周围环境的感染、购买现场的刺激和社会时尚因素的影响。

3. 黏液质型消费者

这类消费者挑选商品比较认真、冷静、慎重,信任文静、稳重的工作人员;他们善于控制自己的感情,不容易受广告、商标、包装的干扰和影响;他们对各类商品,喜欢自己加以细心地比较、选择后才决定购买,给人慢悠悠的感觉。接待这类消费者,要允许他们有认真思考和挑选商品的时间,要有耐心。

4. 抑郁质型消费者

这类消费者选购商品时，表现得优柔寡断，显得千思万虑，不会仓促地作出决定；对工作人员或其他人介绍将信将疑、态度敏感，挑选商品小心谨慎、过于一丝不苟；还经常因犹豫不决而放弃购买。对他们可作些有关商品的介绍，消除其疑虑，促成买卖；对他们的反复，应予以理解。

七、文化

不同的文化水平，在购买中表现出不同的情趣和审美标准；不同文化程度的消费者，其消费行为也不同。教育水平对于消费行为的影响，可以从以下几个方面思考，但这些都不是直接影响，多数是间接的影响。

1. 教育水平对于经济能力的影响

一个人的教育水平与其个人所得有着正向关系，当所得提高后，选择的范围就大了，消费的特征就改变了。另外，通过教育水平提升带来的所得提升，个人在社会阶层中的相对位置也会发生改变。这种社会阶层的改变，会随着消费者对于自身身份认同的改变而改变。

2. 教育过程对生活品位的影响

这种生活品位的改变不一定跟社会阶层有关系，更多时候是对于美学、文学等经验性对象的判断标准发生了改变。这种在美学标准上的改变，会影响客户在购买产品时的准则。例如，过去可能更加注重的是实用，但美学标准上升了，可能就比较看重产品的外形设计了。

3. 教育水平对思考与判断方式的影响

教育水平的提升，会使得客户更有能力或途径去理解产品或服务内的特性。在判断产品质量时，所运用的标准或方式也会发生改变。教育水平不高的，可能就无法阅读英文网页，也无法从国外吸收有关产品的相关资讯。

八、家庭

家庭规模和家庭构成是影响消费行为的两个要素，社会学家对不同家庭类型的消费行为和家庭生命周期不同阶段的消费行为进行了研究，并取得了成果。

1. 不同类型家庭的消费行为

简单地，可以将家庭区分为核心家庭、主干家庭、联合家庭和特殊家庭四类。这四类家庭的消费特征是各不相同的，具体内容见下表。

家庭	说明
核心家庭	这类成员都比较年轻，具有年轻人的消费特征，比如，舍得花钱去旅游，注重商品的形式、包装、色彩和风格等
主干家庭	这类成员一般都年龄较大，具有决策权，具有成年人和老年人的消费特征，比如，对新潮商品往往持观望态度、消费观念已经形成而且不易改变等
联合家庭	这类成员既具有主干家庭的某些消费特征，又具有核心家庭的某些消费特征
特殊家庭	消费特征不同于上述家庭类型，比如，单亲家庭的消费特征有：对方便食品的需求大于其他家庭、对儿童寄宿学校的需求大于其他家庭等

2. 家庭生命周期不同阶段的消费行为

家庭生命周期可以分为：单身阶段、新婚阶段、满巢阶段、空巢阶段、丧偶独居阶段等。在家庭生命周期的不同阶段，其消费行为和消费方式也不同。其特征是：

第一阶段，单身收入较低，需求简单，其消费为个人消费。

第二阶段，家庭消费需求突然增大，但限于收入，只能谨慎地选择消费品。

第三阶段，孩子出生，消费支出扩大，消费类型增加。

第四阶段,家庭消费支出相对稳定。

第五、第六阶段,收入减少,消费支出减少,医疗支出迅速增加。

九、能力

消费者在购买商品的过程中,也需要多种能力,并运用多种能力。比如,购买服装或布料时,就要用手的感觉能力,摸摸服装或布料的质地;需要观察力,观察服装的颜色是否适合、款式有无缺陷、制作是否精致、质量是否过关;要同其他服装或布料比较一下,看看哪种更适合自己的需要,哪种款式、哪种花色更好等。

消费者能力的不同决定了不同的购买类型,从不同的角度划分,可以出现不同的结果:

1. 从购买目标的确定程度看

从购买目标的确定程度来看,消费者可以分为确定型、半确定型、盲目型。

(1)确定型。此类消费者一般都有着比较明确的购买目标,事先掌握了一定的市场信息和商品知识,进入商场后,能够有目的地选择商品,会主动提出需要购买商品的规格、式样、价格等多项要求。如果购买目标明确且能够通过语言清晰、准确地表达,购买决策过程一般较为顺利。

(2)半确定型。此类消费者进入商场前已经有了大致的购买目标,但对商品的具体要求还不明确。他们进入商场后,行为是随机的,与工作人员接触时,不能具体地提出对所需商品的各项要求,注意力不是集中在某一种商品上,决策过程要根据购买现场情景而定。

(3)盲目型。此类消费者购买目标不明确或不确定,进入商场里,会无目的地浏览,对所需商品的各种要求意识朦胧,表达不清。进行决策时,容易受购买现场环境的影响,比如,工作人员的态度、其他消费者的购买情况等。

2. 从对商品的认识程度看

从对商品的认识程度来看，可以分为知识型、略知型、无知型，具体内容见下表。

类型	说明
知识型	此类消费者了解较多的商品知识，能够辨别商品的质量优劣，能很内行地在同种或同类商品中进行比较、选择。这类人在选择中比较自信，往往胸有成竹，有时会向工作人员提少量关键性问题
略知型	此类消费者掌握着部分有关的商品知识，需要工作人员在服务中补充他们欠缺的部分知识，有选择性地向他们介绍商品
无知型	此类消费者缺乏有关的商品知识，没有购买和使用经验，挑选商品不得要领，犹豫不决，希望工作人员多做介绍、详细解释。他们容易受广告、其他消费者或工作人员的影响；买后容易后悔

十、性格

人的性格反映了人们的个性差异，表现出每个人的特殊性。

每个人的性格都是共性和个性的统一。性格的共性是指，某一集团人们共有的本质特征。作为一定的社会集团成员，消费者跟该集团其他成员具有大致相同的经济、政治和文化生活的条件，在他身上有着集团成员共有的性格特征。

此外，消费者作为独立的个体，具体生活条件、从事的种种活动、所受的教育等又是千差万别的，这一切都直接反映到人的性格上。因此，消费性格体现出一定社会条件下社会和个人、客观和主观、现实和历史的统一。

消费者千差万别的性格特点，会表现在他们对消费活动的态度和习惯化的购买行为方式，以及个体活动的独立性程度上，从而构成千姿百态的消费性格。

1. 从消费态度看

从消费态度看,消费者分为:

(1) 节俭型。这类消费者一般都勤俭节约、朴实无华、生活方式简单,认识事物、考虑问题比较现实。他们选购商品的标准是:实用、不追求外观、不图名声。对于商品信息,容易接受说明商品内在质量的内容。此类消费者在我国为数众多,尤其在中年消费者中更是多见。

(2) 自由型。这类消费者态度浪漫,生活方式比较随便,选择商品标准多样,既要考虑质量,也要讲究外观,但相比之下,质量不是最主要的。他们不拘泥于一定的市场信息,有时也会受销售宣传的诱导,联想丰富,不能完全自觉地、有意识地控制自己的情绪。

(3) 保守型。这类消费者态度严谨、固执,生活方式刻板,喜欢遵循传统消费习惯,对有关新产品的市场信息抱怀疑态度,有意无意地进行抵制;信奉传统商品,怀恋往昔。

(4) 怪癖型。这类消费者态度傲慢,具有某种特殊的生活方式或思维方式。选购商品时,不能接受别人的意见、建议;有时会向营销人员提出一些令人不解的问题和难以满足的要求,自尊心强,过于敏感,消费情绪不稳定。

(5) 顺应型。这类消费者态度随和、生活方式大众化。他们一般不会购买标新立异的商品,但也不固守传统。其行为受到相关群体影响较大,跟与自己相仿的消费者群体保持一致的消费水平,对社会时髦现象不积极也不反对;能够随着社会发展、时代变迁,不断调节、改变自己的消费方式和习惯。

2. 从购买方式看

从购买方式看,消费者可以分为四种类型,具体内容见下表。

类型	说明
习惯型	这类消费者,当他们对某一厂家、商标的商品有深刻体验后,就会保持稳定的注意力,逐步形成习惯性的购买和消费习惯,不会轻易改变自己的信念,不会受到时尚和社会潮流的影响,购买中遵循惯例,长久不变

续表

类型	说明
慎重型	这类消费者,在采取购买行为之前,会周密考虑,广泛收集有关信息;选购时,会尽可能认真、详细地进行商品的比较,选择衡量各种利弊后才会作出购买决定
挑剔型	这类消费者,一般都具有一定的购买经验和商品知识。挑选商品主观性强,善于观察别人不易观察到的细微之处,检查商品非常小心仔细,有时甚至达到苛刻程度
被动型	这类消费者,一般都是奉命购买或代人购买;他们没有购买经验,在选购商品时大多没有主见,渴望得到营销人员的帮助

第七章 客户有哪些痛点

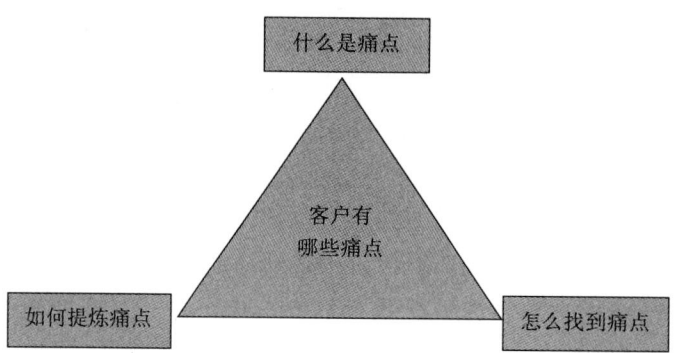

一、什么是痛点

究竟什么是痛点?所谓痛点指的是痛苦的点,也就是消费者在使用产品或服务时心中生出的抱怨和不满。让人感到痛苦的接触点就是人或企业的一级痛点。什么意思呢?企业的问题,招聘不到人不是一级痛点,如果企业没有资金,明天就要倒闭了,那么资金就是一级痛点。

痛点的本质是用户最痛的点,我们要找到这样的痛点。

消费者之所以会感到痛苦,主要是因为自己的一些需求没有被很好地满足。比如,到超市买东西,结账要排队,快捷需求没有被满足;吃瓜子要吐皮,方便需求没有被满足;手机电池没用一会儿就没电了,维持正常生活的需求都没满足……这些都是让消费者产生"痛"的原因。

BlipToys 是成立于 2002 年的一家美国公司,员工不到 20 人。创始人比尔·尼克尔斯通过观察发现，价格昂贵的高科技产品无法吸引普通大众的消费需要，妈妈们都喜欢给孩子购买价格低廉的塑料玩具。

为了设计一款吸引消费者的"3C"玩具（Cheap 便宜，Collectible 可收藏的，Cute 可爱的），尼克尔斯带领团队潜心研究，终于创造出橡胶扭蛋玩偶——Squinkies。这款玩具只有手指节大小，被包裹在透明的塑料圆球里，可以任意按捏。这款柔软可爱的迷你玩偶，一出现在市场，便迅速走红，成为美国儿童最喜欢的圣诞礼物。

微谷营销，在线学习中，很多企业没法把员工大批量输送出去，进行大量的长时间培训，企业的痛点就是：少花钱、少花时间，好的效果。微谷营销微信在线学习平台就解决了此问题，9999元可以给到200个端口，19999元可以给到500个端口，可以长达一年听100位老师课程，每周一节课，解决了很多企业核心诉求。随时随地、24小时不停重复听课、小班学习，老师亲自辅导。革命性地降低了学习成本。

淳美平台，就是解决诸多零售商选择不到高性价比的产品问题。具体思路是：在这个平台采购让终端以OEM的价格、少批量拿货，最终让消费者以低于市场价的50%来消费。创造了新零售价格极低、品质优良的奇迹，也让消费者获得了实惠。

怡兰芬少女内衣，在打进零售门店时，很难进行销售，因为该产品客单价低、消费者还不是决策者，主要消费对象为小学高年级学生以及初高中生这一类人群。经过微谷营销老师们的策划，抓住了学校的痛点，学校的痛点就是对"90后""00后"学生的管理，特别是独生女的管理比较难的现象，单独开了《如何疏通压力考上理想学校?》《如何看待学习?》《青少女乳房发育的健康知识普及》等课程，获得了老师和学校的好评，解决了学校、老师、家长对孩子的教育问题。这样，我们提出赠送内衣活动，把券送给学校，校长以学校名义送给家长，由家长带领孩子到门店领取礼物的形式引流，受到了广大门店、家长、学校的好评。

痛点，是产生创新的着眼点，也是企业实现新的创意的立足点。只要抓住了消费者的痛点，帮他们解决了痛点，满足了他们的需要，产品自然也就会受到欢迎。那么，消费者究竟有哪些痛点呢？通常，来自三个方面：生死需求、高频需求以及未被满足的需求等。

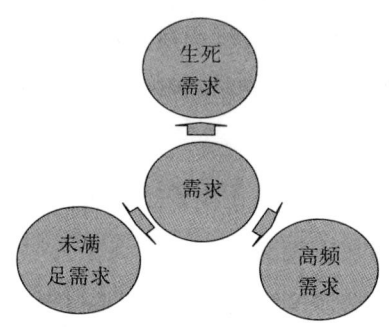

1. 生死需求

所谓生死需求就是可以满足消费者生存的需求。比如，柴米油盐酱醋茶，在众人眼中是微乎其微的小事，但在消费者心中却是大事。生活需求没有得到满足，消费者就会感到"痛"。比如，美食方面的大众点评，交通出行方面的百度公交，提供生活综合服务的58同城……这些产品之所以能够受到消费者的喜爱，就是因为它们为消费者解决了难题、提供了方便。要想找到消费者的痛点，首先就要从这些方面着手。

2003年，张涛从一家美国IT咨询公司辞职回到上海。张涛非常喜欢美食，便着手在上海寻觅美食。但很快他便发现，自己知道的美食场所非常有限，那些自己没有吃过的地方，不知道味道究竟好不好。张涛灵光一闪，便找身边的人沟通，经过聊天，他发现，跟他有同样需求的人不在少数，于是便将评价信息集合在一起，创造了大众点评。

企业需要资金周转，否则企业会停掉；品牌需要渠道流量，否则销售很难做起来；库存需要变现，否则资金周转会受到影响……这些都是刚需。

2. 高频需求

所谓高频需求指的是发生频率高的需求，比如，睡觉、出差住房等；培训需求、企业内部打印纸耗材等；出行需要自行车、汽车、公交、地铁等。

2017年5月,深圳福田南山街头出现了一种新鲜事物——共享雨伞。这些雨伞被随意地置放在马路栏杆上,如果想用,就可以随时取走,合上伞柄就算完成归还,押金19元,租金每半小时收费0.5元。

下雨时或烈日炎炎时,都需要雨伞,在南方,人们对于雨伞的需求是高频的。虽然出行时,有些人会在包包里放一把,但大雨和烈日的到来并不会提前预知,大多数人都会遇到需要雨伞的情况,而共享雨伞的出现就很好地满足了这部分用户的需求。

3. 未满足需求

企业生产就是为了满足消费者的需求,可是虽然如今的产品种类已经极大丰富,但依然有很多需求是未被发现的、未被满足的,这些需求里往往就包含着"痛点"。

概括起来,未被满足的需求主要有三类,具体内容见下表。

需求	说明
商品审美需求	人们都对美好的事物心存向往和追求,消费者更喜欢既具有实用性又具备审美价值的商品。因此,在商品的工艺、设计、造型、式样、色彩、装潢、风格等方面也存在"痛点"
商品社会象征性需求	商品的社会象征性是人们赋予商品的社会意义,购买、拥有某种商品,可以让消费者得到某种心理满足。例如,购买某种商品,可以让消费者表明自己的社会地位和身份;购买某种商品,可以帮助消费者提高社会知名度……了解消费者对于商品社会象征性的需求,针对这些需求来创新产品,也就解决了这部分消费者的"痛点"
优良服务需求	如今,优良的服务已经成为消费者对商品需求的一个组成部分,很多人都在"花钱买服务"。认真思考一下,消费者还有哪些未被满足的服务需求,之后积极为消费者提供相关方面的服务,也就是真正为消费者着想

二、怎样找到痛点

在企业发展过程中,找用户痛点是做产品的关键环节,也是领导者的必修课。如何快速高效找到用户真实痛点是困扰他们的一大难题，其实，说难也难，说易也易，只要找到方法、妙招，就能迎刃而解。

1. 找痛点，靠数据

找用户痛点有四大路径，具体内容见下表。

路径	说明
数据	深度阅读数据，就可以发现很多用户需求，比如，有人曾在聚划算做过一次活动，花一晚上看用户评论，300条用户评论基本在二三十字以内，有人说震动给力，有人说尺寸合适，有人说包装隐蔽性好。他们一一拆解评论要素并归纳总结，最终发现用户购买震动器的核心关注点。由此可见，用户数据深度分析尤为重要
调研	问卷的劣势是容易受制于问卷本身，如果未涉及产品建议，用户调研将大打折扣；同时问卷逻辑性较强，比如，一份问卷设定30个问题，用户填到第20个问题时开始懈怠，胡乱回答后10个问题时有发生。尽管如此，笔者认为，问卷依然是一种找痛点的重要途径
与用户交流	包括面对面聊天和在线答疑。交流过程中的发散性问题可以避免受制于问卷，意外收获往往来自非设定问题，即闲聊也能产生价值。笔者认为，最靠谱的方式是与目标用户进行真实交流，用户对产品体验有直观感受，而一对一深度交流效果最佳
观察用户行为	比如，当用户经过奶粉柜台时，必须留意用户关注点和忽略点

2. 抱怨的用户最有价值

最常用的找痛点狠招是加一些用户为好友，尤其是接触过程中产生爆点的用户，然后解决他们的问题，他们自然会成为企业的忠实粉丝。在后期产品研发和思维碰撞过程中，可以与他们持续沟通，听取他们对产品的意见和反馈。因为会抱怨的用户，通常会给企业提出建设性意见。

他们之所以抱怨，无非有这样几个原因：

（1）他们想深度体验你的产品，如果不想体验你的产品，认为你的产品不好用，他可能就扔在一边不再抱怨，他们觉得需要产品但又不充分满足需求才会抱怨。

（2）抱怨说明他们是相对挑剔的人，如果产品能满足抱怨人群的需求，普通用户更容易满足。

（3）容易抱怨的用户一般都拥有更强的信息扩散能力，帮助他们解决问题以后，他们也愿意在社交平台分享。

（4）在产品调研阶段，有些用户不一定愿意认认真真告诉你真实想法，而会抱怨的用户通常起到"领头羊"的作用，你对产品的任何构想，他们都会告诉你这些构想是否行得通，会把各种各样的想法都告诉你。

3. 通过微信群返积分方式挖掘痛点

可以通过微信群直接与用户互动的方式来挖掘痛点。一款产品推出后，可能存在未知问题，可以通过活动找测试用户，把他们拉进微信群。用户购买使用后吐槽产品或提出意见，就可以用积分的形式全部退还给他们，而不是直接退现金，这样就能筛选出真正对产品感兴趣的用户，因为产品不可能适合所有用户，没有需求的用户一定不会购买产品。

后期，就要与筛选出来的用户保持紧密联系与互动。比如，用户在微信群中提出问题，如果问题戳中人心，自然就会有人予以回应，同时带动其他用户响应、参与。

找痛点的核心就是，让用户活跃起来，要通过观察用户行为和评论，在第一时间发现用户对产品的真实想法。另外，把自己当成超级用户，反复使用产品，发现使用过程中的最大阻碍和最不舒服之处，一一记录下来，这也是找痛点的一大妙招。

三、如何提炼痛点

马云说："这个世界上充满了抱怨，我在20多岁时也抱怨，但我现在不再抱怨了，因为我已经强大起来了，我想告诉所有的年轻人，如果大部分人都在抱怨，那就是机会所在。有些人选择抱怨，而有些人选择改变自己。机会就在那些被抱怨的地方,我永远相信这点,我们也是这样一步步走到今天的。"马云不止一次谈过这个问题,他曾经在多个场合反复告诫创业者"哪里有抱怨,哪里就有机会""每一个痛点,都是一个机会"。

一切发明、创造,一切新兴的行业,都是伴随着人们的痛点而来的,比如,人们抱怨豪华酒店太贵,而普通小旅店不安全、不卫生,于是就有了如家、汉庭;人们抱怨下班打不到车,于是就有了滴滴打车;人们抱怨开车太累,于是就有了特斯拉的自动驾驶技术。

发现痛点,从某种程度上来说,只要找对痛点,付出不亚于任何人的努力,成功自然就会水到渠成。那么,作为企业,平时究竟要如何才能在生活中发现这些痛点呢?

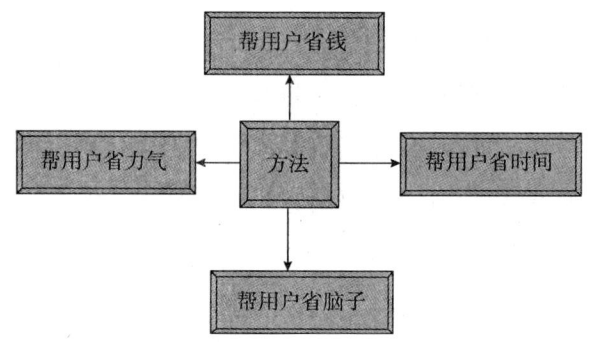

1. 帮用户省钱

在小城市工作,工资低,收入少,每个月就那么几千元钱,日子过得并不富裕;在大城市,虽然工资过万,但是房价高,消费水平高,每个月算下来其实也剩不了多少钱。这时候,帮用户省钱,就成了一个广泛的痛点。

比如,在没有奇虎360之前,国内所有的杀毒软件都是收费的,突然有一天,周鸿祎宣布360杀毒软件永久免费,瑞星、金山、卡巴斯基等老牌杀毒软件用几年时间建立起来的优势,瞬间土崩瓦解。奇虎360把所有竞争对手的用户都收入囊中,一举占领了国内安全软件的市场。

这就是创业时要考虑的第一个痛点:怎样帮用户省钱。如果你的项目能够满足这一点，那么对用户来说，就是福音；对竞争对手来说，就是灾难。

2. 帮用户省时间

人们常说时间就是金钱，现代社会，生活节奏越来越快，时间的价值就更显得宝贵。等待，也就成了最让人感到无聊、焦虑、痛苦的事情。如今，等待已经超越了行业、地域的范畴，成了人们普遍性的一个痛点。未来，谁能帮用户省时间，谁就能从竞争对手中脱颖而出，获得用户的青睐。

前段时间，朋友小张在网上无意间发现了一款贷款的 APP，广告语是：3 分钟，贷给你 30 万元。而且，无须任何房产抵押，也省去了客户前往银行网点奔波的痛苦。传统商业银行，如果想申请一张信用卡，需要去线下网点填一堆资料，苦等半个月才能批下来，而且额度也就只有几万元；而用这个 APP，只要几分钟，就可以批下十几万元的额度，非常简单便捷。

再举个例子。去书店时，小王面对着一大堆书，不知道如何下手，花费一下午时间挑来挑去，最后两手空空地走出书店。其实，很多人都像小王一样，都有这个烦恼。日本东京出现了一个书店，叫森冈书店，这个书店主打一个理念，叫"一册一室"，就是在一周内，整个书店只卖一本书，用户要做的就是选择买或者不买。结果，书店生意好得不得了。因为它帮很多人节省了时间，比如，年轻白领平时没时间逛书店，在上下班路上，路过这个书店时，随手就能买上一本。

3. 帮用户省脑子

现在很多人工作都很繁忙，本来上班就已经够费精力的了，回到家里还要考虑孩子的事情，如果你的创业项目能够帮用户节省脑细胞，用户一定会愿意选择你。

现在很多人喜欢喝红酒，但是红酒的知识很多，如产地、品牌、价格等，但很多人只是喜欢喝，却不愿意花时间、精力去研究这些东西。针对这种情况，国外出现了一家叫 WSJY 的公司，提出了这样一个服务，它向用户承诺："如果你喜欢喝红酒，但又不懂红酒知识，没有办法对红酒的好坏做出判断，那么我来帮你做决策。"

WSJY公司开始招收会员，他们每季度都会给会员用户配送12瓶精心筛选的红酒，这些红酒都由公司专业的品酒师精心挑选，用户不需要思考任何事情，只需负责品尝就行了。如果觉得12瓶太多或者太少，还可以随时通知他们做出调整。

这种模式的好处是什么呢？就是"未战先赢"。从本质上来说，这就是一种预售：公司还没把产品生产出来，就已经把它卖掉了，根本不用占用公司太多的资金。可以说，公司所有的钱，都是客户给的，让你帮他去挑选。

这就是帮用户节省脑细胞带来的好处。有时候用户根本不知道自己要什么，你帮他做决策，用你的专业性去帮他做精选，他反而会很高兴。

4. 帮用户省力气

人都有惰性，都比较懒。其实，懒不是毛病，而是习惯，只不过很多人不愿意承认罢了。想想看，为什么人有钱了之后，都想请保姆、司机服侍自己，这说明懒惰是人的天性。如果你的创业项目能够击中人们懒这个特点，一定会俘获很多用户。

一次，我跟朋友一起去爬山，爬了1个多小时，终于爬到了山顶，累得气喘吁吁，双腿都已经不听使唤了。但是，当我们知道山顶没有任何缆车等交通工具，还要花费1小时再走下来时，简直都要崩溃了。那时候我就想，要是能有一辆摩托车把我们送下去，就是多花点钱，我也都愿意给。

当天晚上，我便在小区的论坛里写了一个帖子，说：如果山上提供这项服务就好了，我觉得这是个赚钱的机会。没想到，这个帖子被当地一个村民看到了，第二天他就开着自家的摩托车去拉客了。后来，他还给我发来私信说，他现在一天能赚四五百元。这就是为顾客节省力气带来的机会。

中篇
转型与共享之"我要去哪儿"

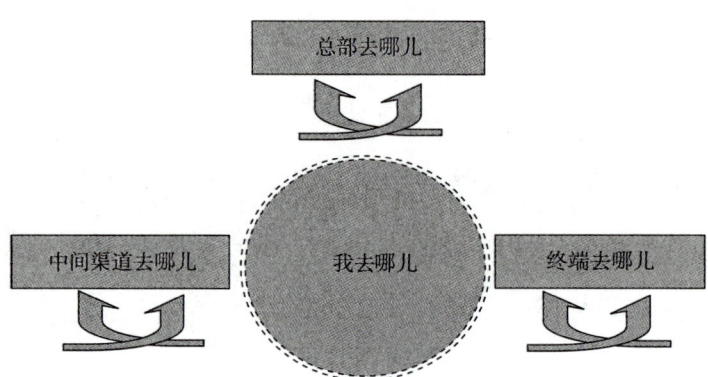

第八章 总部去哪儿

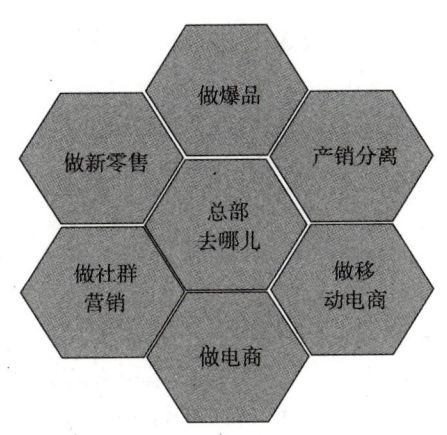

一、做爆品

在市场环境允许的条件下,能满足消费者的消费需求、借助特定的营销谋略、快速被目标人群广泛购买的产品就叫爆品。

什么是转型的根本?从产品角度来讲,一切以用户为核心的微创新,在1毫米的地方做到10万米深,把单品做到12亿元以上。它是检测企业是否利用互联网转型成功的唯一标准。

以用户为中心,只做感动人心的产品。

高品质、高性价比是一种信仰。

要么不干,要干就干到极致。

克制贪婪——纯利润率5%。

做爆品就是要从单品切入,从单品引爆市场,撕开一道口子,将免费思维模式运用到市场,让更多的创业者、消费者共享时代的红利,从而迅速引爆市场,之后推出第二个、第三个、第四个单品……

在互联网时代,做多是本能,做少是本事。在中国市场,人"多"是做爆品的最富饶土壤。

比如,可丰满品牌是做丰胸内衣的,招商三个月就实现了之前做品牌2年的销售,而且还是通过一个爆品完成的。不赊账、不推销、不囤货是该品牌的特点。因为产品质量好,效果不错,树立了良好口碑,目前供不应求,在激烈的市场竞争中,为零售商提供了一款赚钱的尖刀利器和竞争的秘密武器。创始人黄应鹏——憨厚、老实,在笔者和他对话时,问他为什么做爆品?他说,中国市场巨大,我不想太贪,我只想把丰胸这款内衣做到极致就好了。

制定爆品战略,需要把握好下表中四个局点。

局点	说明
开局	开局的奥秘在于聚焦。聚焦传播和聚焦推广,就是把多种优势集于一点,只诉求一个利益点或主推一个单品
危局	解危局的奥秘是公关,通过公关软文或公关活动就能够解决难题,达到四两拨千斤的效果
死局	破死局的奥秘在于输血,输血包括:重新进行定位策划、改变或增加模式、团队培训、渠道拓展、产品重新组合、重置价格体系等
大局	大局的标准就是有高度、有广度和可持久,成大局的奥秘在于分配,只有分配好管理层、员工以及分销商的利益,才有可能走向大局

如何做爆品呢?具体步骤如下:

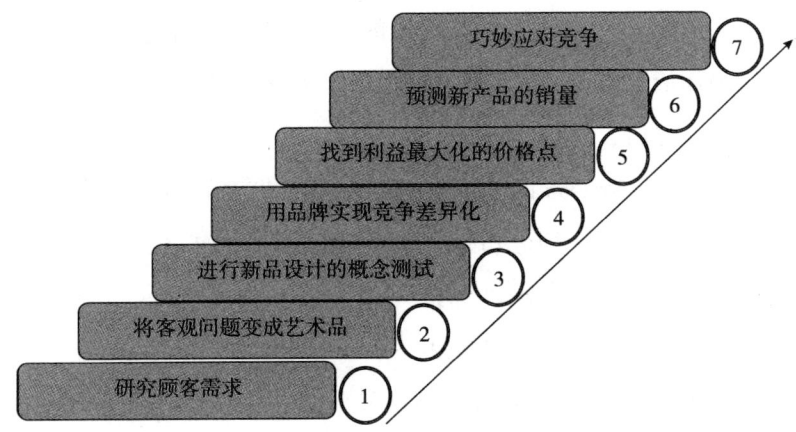

步骤一：对顾客需求认真研究

想要"卖得火爆"，首先就要研究"买的人"——谁买货，谁有发言权，谁有权决定企业应该开发什么样的产品。产品开发之前，"买的人（顾客）需求"已经摆在那里。如果你的产品就是他一直想买但买不到的东西，想不"火爆"也不行。

爱黛内衣董事长杜承坪对用户的研究可谓是到了炉火纯青的地步，他放开视野，针对用户的问题，几十年如一日地泡在市场里，让用户真正把爱"戴"回了家。通过他测试的内衣版型，几乎款款畅销。在中国内衣行业，树立了"全能型老板"的楷模。10年的工夫，从白手起家到积累了几亿元的家产。

广东凯迪集团生产的"纯真日记"卫生巾，创始人马庆渲要求生产的卫生巾要比现有市场的主流品牌要好2倍以上，从吸水性、反渗透、透气性等指标下足功夫，一款卫生巾研发了2年，找市场上百款对比，进行了3000多次破坏性测试，终于在2016年6月上市，"纯真日记"一经上市，就获得了女性朋友的追捧。

2008年，李科在一家主营牙刷和牙膏的外企做产品经理，需要借助新产品开发和上市推广，完成公司指定产品的销量和财务目标。品牌经理可不是花钱砸品牌的，而是给你一个品牌，让你把它做到赚钱为止。

当年，新品必须要完成200万元的净利润，李科当时负责的品牌比较低端，主要经营零售价1元以下的低端牙刷，要完成这个数字并不容易。李科找到离开公司的四个总经理。上海地区的大区销售经理告诉李科一个市场信息：竞争对手佳洁士推出了一个高端的抗菌刷毛的牙刷，零售价在上海卖9.9元，卖得不错。之后，寄给李科，让其借鉴。

李科分别用 AC Neilson 的 Retail Audit 研究法和高露洁公司的 PDH 法，寻找消费者需求最大的目标细分市场，以及这个市场消费者买牙刷最关注的要素，而这两个要素我们叫作客观需求。

步骤二：将客观问题变成艺术品

确定了人群和需求，便开始产品开发的第二个步骤。研发设计师上场，负责把经过市场调研的客观市场问题变成人们爱不释手的艺术品。只要研发设计师的设计大方向是选定人群的需求点，用"IDEA-R&D"法很容易做出"MOCK-UP"；但是如果顾客需求没有选对，设计师大方向的需求错了，设计师设计出来的再炫酷的产品也不可能成为爆品。

步骤三：进行新品设计的概念测试

完成前面两步后，就要进入新品的概念测试阶段。有的企业家和老板就问了，这些都是按顾客的需求来做的产品、按顾客需求来设计的，还测试什么。但是，如果不测试，那么很可能出现顾客需求不准确的情况。还得考虑顾客需求经过这么多的设计师的头脑加工，还是不是顾客想要的产品。

日本有一种抗胃癌的牙刷。日本人寿命长，但是胃癌发病率挺高的。这种牙刷有一种抗菌元素，它可以把幽门螺杆菌杀死在口腔里，在一定程度上确实可以防止胃癌。但是，如果照抄教科书式销售，产品就卖不好。

步骤四：用品牌实现竞争差异化

产品都一样时，起一个好玩的品牌名，这是通过品牌做爆品的一个办法。比如，茶饮料这类商品在中国早已同质化，再出红茶或绿茶肯定销量一般，但在2015年，统一把它的一款茶饮料起名为小茗同学，再配上相应的包装，卖得很不错。这就是用品牌命名来实现差异化。

步骤五：找到利益最大化的价格点

产品卖得再好但公司却赔钱，就不是爆品，而是败品。如果成品还没开发出来，必须先研究定哪个价格产品最好卖，然后再去根据成本进行开发。如果以前没注意到这事儿，产品就已经做出来了，现在必须用科学方法补救；价格模型极为严谨，有诸多自变量和调节变量影响。想卖得火爆，绝不能只在产品功能、品牌、包装等方面下功夫，得按人心理价位来卖。不能因为产品好，就玩命地加价。

步骤六：预测新产品的销量

有了价格，那就有销量。产品也好，爆品也好，销量预测的意义对公司非常重要。爆品，要销量好，那供应需要采购多少原材料？第一批生产多少？生产周期是几天？每一批产能是多少……爆品一般都供不应求，供不应求是好事，但销量预测直接决定生产工作，如果供应链采购的原材料比实际销售量高太多，公司是不会赚钱的。

步骤七：巧妙应对竞争

产品线中小企业也很重要，随着竞争越来越激烈，消费者的需求也是每天都在变，每天都有新的需求出现。新的需求摆在这儿，你的产品线里没有这一环，还在为老产品做广告，无论广告做得多成功，都无法改变新的需求没满足这一事实。因此，可口可乐推出了雪碧和芬达，百事可乐就必须推出相应的七喜；可口可乐出了果粒橙，百事可乐就有了美汁源纯果乐果缤纷。

二、产销分离——做大数据供应商

相信很多人都知道，全球最大的运动鞋制造商耐克公司并没有鞋厂，荷兰的菲利浦公司没有自己的生产线，飞机制造商波音公司本身只生产座舱和翼尖……这些品牌企业通过搭建资源和信息共享平台，紧紧抓住自己的核心价值，将非核心业务外包出去，化繁为简，化重为轻，把更多的精力集中在利润更高的营销环节，使整个产业链对市场的反应更加迅速。这种经营模式就是"产销分离"。

在共赢的思考维度下，陈锦波对七波辉下一步的发展做出了前瞻性的战略规划——实施产销分离。

陈锦波认为，在鞋服行业经营成本陡增的环境下，生产不再是企业增长的主动力，未来的竞争是产业价值链与价值链之间的竞争。从原材料、配件加工、生产组装、销售、物流、渠道、服务等整条产业价值链，谁整合的价值链条更稳定、更有竞争力，谁就能在市场上长远发展。产销分离不仅是一种选择，也是一种必然……七波辉在实施产销分离上有着得天独厚的优势：在产品研发上，七波辉掌握着多项核心科研成果；在渠道上，"分公司公司化运营"和"终端零售盈利模式再造"两大战略性项目的持续深化，使每个终端店铺都能按照公司的标准化模式经营；在内部强大品牌力的基础上，七波辉与供应商、服务商、代理商等形成了稳固、良性的协作关系。这些都为其实施产销分离战略奠定了基础。

用有限的资产，获取最大的收益；紧抓自己的核心价值，将非核心业务外包，才能更好地专注于品牌管理、供应链管理和营销网络管理，打造核心竞争力。

产销分离是现代化社会分工的客观要求，能达到资源利用的最大化。在这一过程中，可以有效控制企业成本，从而提高企业效率。

产销分离是以专门从事媒介商品交换的独立化的商人为纽带，联结生产与消费的商品运动形式。即生产者把商品卖给各种类型的商人，再由商人转卖给消费者。简言之，产销分离就是生产与销售分开，生产企业只负责把产品生产出来而不再成立单独的销售部门去销售产品，通过成本核算直接把产品卖给销售公司，而销售公司成为单独的只负责销售产品的独立法人，不再归属生产商。

其优点主要表现为：

（1）产销各自成为经营实体，可以充分利用分工优势，调动各自的积极性和创造性，发展核心能力，有利于各自集中精力，各司其职。尤其是在销售力量还不强大的情况下，产销分离更有利于提高销售体系的核心能力和市场竞争力。

（2）可以严格执行"以销定产"和顾客导向的新产品开发、促销和定价策略。对于某些产品来说，企业早期都是生产导向的，而成熟的市场要求营销导向，企业在由生产导向转向营销导向的过程中往往会遇到内部的巨大阻力。产销分离，有利于企业真正转向营销导向，更好地适应成熟市场竞争的要求，更好地满足不同顾客群体的不同需要。

（3）可以减少管理层次，提高决策效率和政策执行效率，有利于在成熟的市场情况下提高公司竞争力。产销分离后，销售体系的决策层次至少可以减少两层，有利于销售体系的重心下移，提高决策效率和反应速度。同时，销售公司决策层、核心层、销售组织和队伍相对稳定，有利于销售政策的连贯性和持续性。

（4）销售公司、生产公司都是利润中心，便于提高各自的积极性，更不能充分发挥销售体系的积极性、创造性，有力地推动销售工作。此外，还有利于各自加强管理，堵住漏洞，分清责权，提高效益。

（5）在产销分离体制下，两个经济独立核算实体的成本控制较产销结合体制下将大大增强，可以减少浪费、控制费用，使资本结构更趋合理，避免账款混乱、成本不清、利润不分等局面。

笔者在义乌有一个好朋友叫陈惠兵，其开办的"你的课"网络培训公司，掌握了上千万的精准粉丝的大数据库，课程一经上市，瞬间卖爆了。

微谷营销——转型公馆，加强了对客户的分析，掌握了大数据的规律，在没有资本进入的情况下，上市3个月"吸粉"10万人，创造了在线学习的奇迹。

三、做移动电商

在电商领域，传统企业和传统电商如何抢占移动互联网的人口红利？比如，传统电商转型，在搭建移动端的商铺（如手机淘宝店、微信电商、自有APP）基础上，如何精准捕捉到分散的用户？

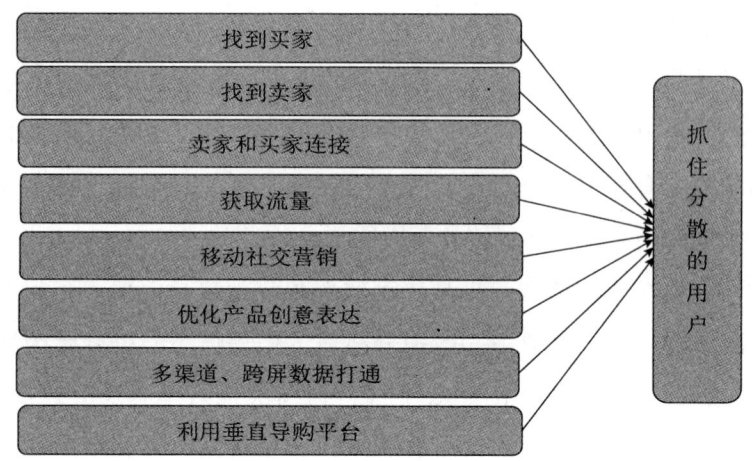

1. 找到买家

移动互联网连接的是人,形成的是人的网络。互联网的本质是链接。

"用户思维"适用于任何一种商业模式,移动电商围绕"人"展开。那么,在新环境下,用户在哪儿?

移动互联网的典型特征就是"碎片化",碎片化的情况下,用户是分散的、时间是分散的。国内和国外移动互联网发展时间和环境的差异化促使用户使用移动设备的习惯不同。

从国内看,用户偏好使用APP,而不是移动Web。iOS用户和安卓用户比例大致为3:7。用户集中于一些超级APP,比如,社交类APP微信、微博、手Q、空间、陌陌等;视频类APP腾讯视频、百度视频、爱奇艺、优酷土豆等。此外,女生常用美图类APP;不同行业的人士使用APP也带有一定行业属性,比如,从事媒体行业的小编喜欢看新闻类APP。

另外,在购物入口看,目前消费者习惯于去平台类APP购物,如手机淘宝、微信电商;同时,针对专业化需求比较高的一些品类,也去一些垂直类电商APP,比如,京东、当当、美丽说、蘑菇街等。当然,针对特定的品牌购买,消费者经常会逛海尔商城类的独立品牌APP。

2. 找到卖家

买家集中的地方,卖家就在那儿,这是正常逻辑,人旺才能成为集市。

以淘宝卖家为例，不管是品牌商家，还是大小个人店铺，它们不仅在做淘宝平台上的销量，也在大力拓展微信平台的微店，抑或在朋友圈卖货，有的还开通了口袋购物的旺铺、京东商铺等。有的大品牌商家在玩转核心的几大平台——手机淘宝、手机天猫、微信平台和京东商铺后，还开发出了自己的独立电商 APP。

渠道多，有利有弊。商家需权衡，要将自己有限的精力分配好，掌握发力的主渠道、次渠道。而对于不同的商家，主渠道和次渠道的选择不一样。比如，女装类商家和电器类商家，主渠道选择必须有所不同，女装类主渠道在淘宝天猫，而电器类可能就是京东。

3. 卖家和买家连接

卖家与买家的桥梁，也就是说卖家通过哪些渠道、形式让买家看到商品，然后链接到旺铺进行购买。答案是广告、推广。广告和推广的手段有很多，比如，社会化营销、手机 Banner 广告、手机视频广告。

目前，手机视频广告、门户 WAP 站广告处于红利阶段，对接移动电商来说，也是不错的广告媒体资源，可以进行有效使用。

值得一提的是，移动电商特别是如今火爆的"微商"，都是基于"强关系"下的"弱推荐"。使用好社会化营销，可以起到事半功倍的作用。当然，核心是在"好产品"基础上。

4. 获取流量

广告是桥梁，就得把桥梁搭建好。在更多的地方、让更多目标消费者看到自己的商品，这便是广告的目的。通过广告投放获取精准有效流量，一在于"规模"，二在于"质量"。在优质并且具有一定规模的流量基础上匹配好的产品，取胜移动电商不在话下。

商家投放广告分为站内、站外，以手机淘宝商家为例。站内核心流量，如手机淘宝首页各种横幅广告，以及各频道页资源，不管是通过直通车，还是钻石展位，都设有移动端和 PC 端的选择项，同时分站内和站外。普遍以 CPC（点击付费）、CPA（转化付费）、CPM（千次展示计费）等模式计费。

站外的移动流量获取，目前主要依赖于移动广告平台，比如，行业口碑较好的点入广告，支持横幅、插屏、全屏和积分墙广告投放。可以通过移动广告平台，将产品广告投放至各类选定的 APP 上，行业称 Ad Network 模式。

目前，手游媒体资源、门户的 WAP 站和视频广告这三大类，对移动电商广告投放来说都是比较不错的选择。另外，对于拥有独立品牌 APP 的商家，可以选择点入广告的积分墙产品，通过奖励用户获取 APP 下载量，提高应用排行榜名次，获得更多有效用户和优质流量。

5. 移动社交营销

在免费流量获取或者低投入高产出流量获取方面，社会化营销占有很大的优势，做好内容，引爆话题，同时以产品为核心，就可以打造社交媒体上的口碑。

未来，每个商家都需要通过社会化渠道跟消费者沟通，建立一个纯渠道。要想做到这一点，首先要有自己的会员管理体系、会员等级、客户消费趋势预测等，要有自己全网动销管理控制机制。未来，一定不是只在淘宝卖东西，特别是移动电商时代，一家独大局面将有所改变，需要建立统一定价、统一订单处理、统一售后服务跟踪系统。

商家需建立跟消费者连接的渠道，所有这些事情，是一个完整的营销中心。微信、微博、豆瓣、人人、推特等社交渠道和客户关系管理及客户营销系统融为一体，才会让整个链条转起来。不只是一个卖货的，或者不只是一个走货的，这才是真正零售商或者真正零售品牌未来应该做的事情。

6. 优化产品创意表达

目前，移动广告有几大核心的广告形式：横幅广告、插屏、全屏、视频贴片、原生广告、富媒体和 Html5。在电商领域用得比较多的 Banner、插屏、视频贴片和原生广告。

各种广告形式有利有弊，比如，横幅广告通常在页面的顶端或者底端，创意表达面积小，可展示的范围小，但是这类广告资源在移动互联网上量大、成本低，可形成规模，同时也能结合富媒体技术。

在流量获取方面，点入广告便是移动广告制作专家。它们提供图片广告、富媒体广告、全屏广告、插播广告和积分墙等服务。在广告形式上，采用全屏广告，虽然在规模上比横幅广告更小，但是全屏展示，广告影响更为深刻，创意表达更丰富。

另外，在原生广告方面，以广点通为例，可以通过进行手Q和空间的原生信息流广告投放。比如，当用户浏览空间的好友动态时，偶尔会有一条有"推荐"字样的跟信息形式一致的广告。原生广告定义即与页面内容吻合的广告形式，广告即内容。这类广告不再让用户反感、易接受。

当然，广告形式多种多样，移动电商时代，要求商家更加专业，商家的营销团队，需了解和使用各种广告形式后，不断优化。此外，选择好的合适的营销公司，也是很重要的。选择营销公司，需要从营销公司的专注度、规模、服务过的案例进行考察。笔者认为，行业中，排名前几的移动广告平台，如点入、多盟、力美科技都是不错的。

7. 多渠道、跨屏数据打通

如今，不论是商家会员管理、运营管理、产品管理，还是营销管理，数据发挥的作用越来越大。数据成为强大的"内核"。如何积累数据？如何将数据规模做大以便更好地维护老用户，挖掘新用户，是移动电商时代必须重视的问题。

为什么说多平台多渠道？首先，一个商家远不止在一个平台卖货，不管是在淘宝、天猫，还是京东或者垂直类平台淳美、微她，再或是自有的独立电商APP，都需要将各大不同的平台数据打通，更好地了解消费者兴趣、爱好、消费习惯等。

为什么说"跨屏"？消费者活跃的终端远不止一个屏，虽然消费者在移动屏上消耗的时间越来越多，但同时消费者也穿梭在PC、iPad、智能电视等多屏终端，未来营销必须做"跨屏"打通。

在数据方面，商家需懂得如何使用多方数据，去做大自有数据。营销行业讲第一方数据（商家自有的沉淀数据）、第二方数据（媒体方的网站行为数据)以及规模最大的第三方数据(第三方数据公司、监测公司提供的数据)。有效融合这三方数据,才能将自己的数据规模做大,将用户做精。

以营销领域为例。如今,各家都在努力进行跨屏营销的技术突破。比如,以服务电商客户为主的聚效平台,他们通过利用360设备ID的技术,将PC数据资产平移至移动端,丰富移动平台的数据,同时还能精确识别多设备终端背后的单个用户,可实现广告资源的高效管理,也避免了广告资源的浪费。

8. 利用垂直导购平台

淳美、美丽说、蘑菇街类的导购平台曾经火爆,且它们都完美转型成女性垂直电商。同时,移动互联网的发展,还引起新一轮的"分享经济热潮",比如,豆果美食、大姨妈等,"圈子"氛围越来越浓重。

商家如何利用好垂直导购平台?比如,女装商家,如果想找到垂直品类的、活跃度高的女装分享社区、APP等,不管是通过达人也好、买手也罢,只要将产品有效地分享给那些有同类爱好和需求的人,就可以获得更多的有效用户。

案例:

让利终端,扶持终端,打造内衣行业"互联网+实体"样板工程

淳美微她(以下简称微她)是国内内衣行业首家由外资投资创建的大型互联网B2B平台,是淳美微时尚(与公众号同名)利用大数据、大集成、大融通的信息处理技术倾力打造的中国内衣行业"互联网+实体"数字化、信息化、智慧型的样板工程,是一个专门针对内衣行业零售店的线上订货商城,让内衣产业实现价值共享,分享到互联网给行业带来的便利和实惠。

微她(线上商城名称)以"上协同各厂商+1个线上商城大平台+下协同各渠道"的创新商业模式,联动25个核心工厂,整合1000家供应链,会集100家创客,拥抱20万家终端,产品覆盖内衣行业女士8大品类+男士5大品类,为内衣行业打造全产业链、全品类、共享型、航母式的优质低价生态圈和一站式的线上采购商城。

微她合伙人和核心团队曾在知名互联网公司、知名外企任职,在知名内衣企业、知名服装品牌机构有丰富的工作经验,为内衣行业特别是终端门店全程提供全套的管家式服务,是内衣终端采购贴身管家,让利终端,扶持终端,让整个内衣实体真正享有一个优质低价、交易安全、操作便捷、运行高效的专业服务平台。

微她给终端带来什么?

- 享有优质低价、品类齐全、一站式采购平台,快速选货进货;
- 线上1000家供应链货源,货源多且选择广,订货方便快捷;
- 一键订货、交易安全、物流高效、贴心服务、省时省事省心;
- 得到陈列、引流、促销、VIP管理、案例分享等系统性培训;
- 客群裂变,实现线下获客+线上销售+融合门店一体化新零售;
- 提高与电商的竞争力,提高门店的销售额,提高门店的利润;
- 让终端店主随时掌握新零售的各种新知识、新工具、新方法;
- 随时了解整个行业的新趋势、新动态,把握市场的需求变化;
- 实现商业转型升级,为传统门店植入互联网思维和创新模式。

微她给供应链带来什么?

- 只专注于产品研发生产、品质控制,不用花钱再建一个商城;
- 通过品牌入驻商城,让产品直达终端,快速打响品牌知名度;
- 众强联合,扬长避短,让品类全的更优化,让单品类有互补;
- 不用费心劳动力渠道问题,微她为你进行渠道拓展和持续维护;
- 实现品牌线上线下一体化升级与融合,不用愁转型升级问题;
- 市场开发、品牌建设、市场竞争变化,有微她全程帮你一把;
- 终端、消费者的需求变化,有微她去搜集信息和做市场调研;
- 实现价值共享,享微她100家创客,20万家终端的强大资源;
- 微她提供管家式服务,用200个社群,直接一对一对接终端;
- 省去终端各种支出,降低企业成本,提高产品的竞争和利润。

微她坚持"和合共生、实现双赢"的商业理念，以"为实体，兴实体，让利终端，扶持终端"为发展使命，打造内衣行业利益共同体，诚邀志同道合者共创内衣行业新零售时代的新未来。

四、做电商

案例1：

2010年，时尚服饰美特斯邦威旗下的邦购网上线，集合了网络购物、时尚资讯和互动社区等多个板块。当时他们信心十足，乐观地宣称："时尚、快乐购物就从邦购开始！""无论您在何地，轻点鼠标，丰富多元、快速变化的时尚品款将会让您第一时间体验到惊喜和购物愉悦"。

为了从传统渠道走向传统渠道与电子商务渠道结合并行的双渠道模式，美特斯邦威同时推出了全新的线上品牌——AMPM。2011年1月3日邦购网的日销售突破了30万元，日交易量超过1000单，每单平均价值超过300元。

案例2：

2013年4月，永辉超市上线自己的生鲜类电商网站"半边天"，同时启用yhbbt.com五字母域名，提供四种产品组合，包括：精品膳食（A）、精品膳食（B）、素食养生（A）、素食养生（B）。永辉超市在江、浙、沪地区展开试点，并提供货到付款服务。

案例3：

2012年8月，红星美凯龙旗下红美商城宣布开始公测，逐步投入运营。商城的业务主要分为三大体系：以家居建材产品为主的在线B2C平台业务、以家纺家饰及小件家居用品为主的线上闪购业务和家居用品的团购业务，分别对应页面顶端的"商城""抢购""团购"三个入口。

这些企业之所以会做电商，主要是看到了电子商务给传统企业带来的好处。

1. 可以降低企业营销信息传播的成本

网络媒介具有传播范围广、速度快、无时间地域限制、无时间版面约束、内容详尽、多媒体传送、形象生动、双向交流、反馈迅速等特点，有利于在节约传播成本的前提下提高企业营销信息传播效率。

2. 可以降低交易成本

通过电子商务进行营销，不用花费店面租金成本，能实现产品直销，能帮助企业减轻库存压力。同时，还可以通过网络营销活动提高营销效率和降低促销费用。

3. 可以缩短生产周期

一个产品的生产是许多企业相互协作的成果，产品的设计开发和生产销售可能涉及许多关联企业，通过电子商务的方式营销，可以最大限度地减少因信息封闭带来的无谓等待时间。

4. 可以增加无限商机

网络技术的发展，为企业在虚拟的自由市场体系中营造了无法比拟的平等机会，为企业架起了一座通向国际市场的绿色通道，使企业能轻而易举地进军国际市场。

5. 可以快捷高效地实现产品、服务、信息一体化

利用电商的营销方式，可以使开展营销的企业更高效地向消费者提供产品、服务和信息，为消费者提供了更多的象征性价值。

目前，绝大部分企业都还处在电商爬山的艰难路上，有些企业甚至已跌下了悬崖。研究这些陷入困境的企业可以发现，成功的方式有很多种，失败的方式却有着惊人的相似之处。在笔者看来，传统企业做电商要遵循三大法则：

首先，资源流向最能产生价值的平台。电商的本质是商务的互联网化，有人的地方就会有生意，客户在互联网上出现频率最高的地方都是电商可以发力的地方。目前，国内80%以上的流量都由百度、阿里巴巴、腾讯三大巨

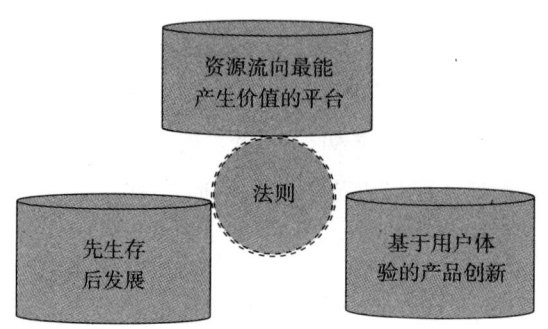

头掌控,这三大平台是企业做电商最需要利用的平台。如果把电商比作一盘棋,淘宝或阿里巴巴平台都是电商棋盘中的棋子,而现实情况是,很多企业却把淘宝或阿里巴巴平台当成了整盘棋。

其次,先生存下来,然后再发展。先把线下的那条路走好,生存问题解决了,再谋发展,才不会有后顾之忧。线上电商这条路不能单纯地靠价格取胜,也不能把电商当成清库存的回收站,否则,既影响原有的线下销售体系,还会对品牌造成致命伤害。而且,互联网上卖产品成本一点都不比线下便宜,面对成千上万价格极其透明的同质化产品,依靠价格取胜的产品毫无竞争力,除非成本能控制在比同行低20%以上。

最后,实现基于用户体验的产品创新。互联网客户是最挑剔的,可正是这种挑剔,为企业的产品研发和创新提供了快速迭代的机会。做电商的最终意义不仅是销售产品,而是用电商来指导产品研发,构建企业与消费者的新连接。

传统经济时代,企业开发产品往往是闭门造车,而互联网给了企业和用户直接互动的机会。比如小米就是利用互联网进行产品研发升级的经典案例。不是它的营销做得多好,而是产品均超越了一般用户对传统手机的体验。

五、做社群营销

所谓社群营销指的是,基于相同或相似的兴趣爱好,通过某种载体聚集人气,通过产品或服务满足群体需求而产生的商业形态。社群营销的载体不局限于微信，各种平台都可以做社群营销，如论坛、微博、QQ群，甚至线下的社区，都可以是社群营销。

互联网的发展进入到社交网络时代，互联网上聚集了大量的"人"，社交需求增加，平台越来越多，信息过盛，流量不断下放，每个个体的话语权越来越大，渴望的归属感越来越强，点与点直接通过某些平台开始相互连接。于是，一些自媒体通过社群，将线下的关系和社交带到线上的产品和营销中，精准地圈定了自己的受众，使他们聚合起来。

让自己的产品和价值利用免费平台在社群中呈现病毒式的传播，无限降低了传播成本，社群的价值更加凸显，从而社群也越来越火爆。

2017年7月22日，薛之谦的"我好像在哪见过你"2017全国巡回演唱会重庆站完美落幕。作为演唱会的唯一指定家电品牌，统帅电器伴随薛之谦一同走过大连站、广州站、上海站、北京站、南京站后，在重庆站顺利收官。

统帅洗衣机作为统帅电器旗下的重要一分子，在薛之谦2017全国巡回演唱会中，通过一系列平衡挑战成功展示了安静洗护的技术，吸引了大批歌迷参与互动，使其年轻化品牌形象更加深入人心。在演唱会现场，统帅洗衣机摒弃了传统的展台模式，通过在洗衣机上搭建模型的方式为歌迷带来了真实的体验。

除此之外，在广州站、南京站与重庆站演唱会，统帅洗衣机还分别搭建了当地标志性建筑骑楼模型、紫峰大厦模型和解放碑模型。其中，在重庆站演唱会现场，通过搭建解放碑模型，统帅洗衣机收获了大批歌迷的热情互动，完美收官。

在演唱会广州站现场，统帅洗衣机接受了115名用户发出的"挑战"，并面向全球发起了征集统帅洗衣机平衡造型的活动。此次平衡挑战在全国范围内掀起了"挑战平衡造型"的热潮，上万名用户积极参与互动，统帅电器的社群影响力进一步提升。

笔者有一个朋友叫郑俊雅，他的微信群有上万个，关键是只有几个人管理，他把社群营销做到了极致。通过自动化、标准化、人性化、娱乐化和最大化的思维设计，创造了用户最大化价值，把一个网络营销培训公司做到了国内领先。

对于很多企业来说，社群经济、社群营销、社群生态都是新的名词，而对于一些把粉丝聚合连接起来转化成有共同价值观的社群企业，社群的力量是巨大的。

对于企业，已经不是要不要建立社群的问题，而是如何才能让企业的社群运营真正跟产品、用户连接起来的问题。这一点，对于大多数企业都是一个新挑战，同样也是企业营销中的一片"处女地"。

那么，如何去做社群营销？

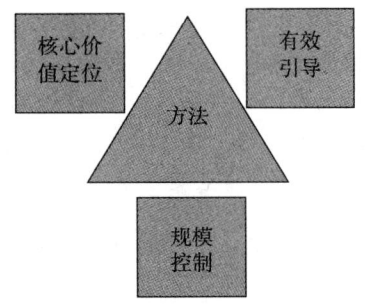

1. 核心价值定位

对于企业来说，首先要清楚你所建立的社群有什么核心价值？

核心价值是一个社群生存发展的基础，也是一个社群的目标导向及定位。比如，你是一个卖钢琴的，你可能会想建立一个钢琴爱好者的社群，但这不是核心优势。世界上做钢琴社群的人那么多，就像在柒众媒上搜索含有"钢琴"关键词的微信号那么多，为什么别人需要关注你？是你这里有优秀的老师授课，还是有性价比高的钢琴销售？这才是企业做社群前应该思考的问题。

几乎所有运营成功的企业社群都是基于自身产品，比如小米的社群永远是围绕着小米的手机玩法，逻辑思维等人的社群永远都是围绕着罗振宇的动态做延展。不管你的产品是实物还是知识，都需要与自身的核心竞争力密切相关。

2. 有效引导

很多企业都抱着做专业社群的美好愿望，但最终这些建立的群要么就是一言不发沦落为我们所说的"死群",要么就是纯粹在聊天"灌水",成为了大家闲聊八卦的聊天室,这些都是群内缺乏引导的表现。

另外,社群是一个弱中心化的组织。优秀的社群根本不可能做到完全去中心化,否则只会沦为闲聊"灌水"群,变得异常混乱。有效引导的对象既然是群体,必须需要相应规则规范才能长久生存,否则只会像一盘散沙。

社群的稳定发展与其规则机制密不可分。社群的形态需要一致,不应因其他新成员的加入而破坏之前的规则,即社群的出入口应做筛选,社群内部的行为规范应做统一。这类统一规则并非需要文字内容进行规范,而更多体现的是一种文化共识。

另外,除了规则外,群内运作机制在日常事务管理中十分重要。如果想让社群成员保持活跃,就要采取一定的激励机制、角色分工等,让群成员在处理事务中各司其职,保证社群的规范化运作。在良好的规则及运作机制下,管理员的管理也会更加省力,社群成员会更加信服。

活动不仅是一个宣传拉新、增强成员黏性、激活活跃度的有效手段,还是引导社群主题的有效方式。在活动的预热和进行期间,群内的讨论话题和日常交流大多会以活动内容为中心发散。活动的参与情况也体现了社群内部黏性的强弱,同时还可以不断引导品牌产品话题,从小米的社群运营中就可以看出:小米从手机的调研、开发、宣传等各个环节上都举办了大量的线上线下活动,在活动强势引导社群内部话题的同时,还极大增强了社群内部粉丝间的交流,所谓的参与感形成了米粉的自发传播。

3. 规模控制

控制规模主要看社群的成长阶段,一个社群是有一定的成长周期的,若不控制社群规模,该社群很可能永远只是为新手及小白用户服务;在信息过滤上拥有不小的难度,可能永远讨论的是一些初级问题。当然,这并不能说是错误的策略,甚至在产品售后、咨询中是十分必要的,但是这会导致资深用户及老用户的沉默。当有价值的 VIP 用户沉默或者离开时,社群价值就无法得到提高。同样,若是小白及新手用户不断涌现,没有有效引导的话,社群将沦陷为一个聊天"灌水"群。

邓巴定律早已告诉我们：人类智力允许人类拥有稳定的社交网络人数是148人，约150人，所以邓巴定律也称为150定律。这对运营社群有很大启示：若社群在约50人以下的规模，群内部交互非常深，即使没有活动刺激，成员通过兴趣话题也能自发互动连接，此时的社群是半熟人社交模式的；若社群超过50人左右的规模，就需要强有力的规则引导及活动刺激，否则群的凝聚力将会大大消退，没有熟悉的感觉彼此沟通频率将降低，此时的社群是半陌生人分享模式的。

控制规模是企业社群发展规划的必须，最常用于沉淀核心用户、内测用户等重点对象。是社群精细化运作、提炼社群价值的一条必经之路。相对于普通成员来说，产品的核心用户群体，能为品牌带来更多价值。

如何做微信社群营销呢？具体实施方案见下表。

	微信群营销实施方案
1. 意义	微信营销是移动互联网时代一种低成本、高性价比的营销方式。"微信营销"通过"线上"与"线下"的互动，建立一个涉及产品、渠道、市场的营销沟通和利益链条，整合各类资源，达到了以小博大、以轻博重的效果
2. 创建微信群聊	
如何建群	一、微信群最大的价值就是分享、学习、交友、沟通交流和资源整合，开始进群时充满着激动和兴奋，但逐渐发现群里充满了无聊、刷屏的广告时，就会让人反感，然后有人就会屏蔽群信息，随后退群，所以一定要避免群成员乱发广告、恶意刷屏等负能量的现象
	二、邀请微信好友创建百人群，鼓励好友邀请其好友加入群聊，制定奖励机制，如每当群聊人数达到某个数值时，将在群内发放不低于某个数值的红包，快速增加群聊成员，最终所有微信群成员总数达10000人以上
	三、为了更好地给群成员进行分类以及后期的数据统计分析，所以在新成员加群的时候，必须引导新成员修改群名片（群名片根据群聊定位自行规划）
	四、制定群聊规则，对于违反规则的成员，第一次警告，第二次清退

续表

微信群营销实施方案		
3. 微信群维护		
维护微信群		一、内容为王 内容的定位应该结合群聊成员的特点，从成员的角度去着想，而不是一味地只推送广告及平台的内容，只有用户从群聊当中获得想要的东西，他们才会更加忠实于微信群，和发布信息者成为朋友，接下来的销售才能水到渠成 移动分销综合购物商城，核心内容是商城，针对的用户为大众群体，人群覆盖面大，分享的内容应结合群聊成员特性进行有针对性的推送，如推送绝大部分用户感兴趣的信息（打造一个通过群主的协调沟通，为成员争取到以超低价格购买超值商品的信息分享互动群体）
		二、拒绝骚扰 （1）分享频次：产品分享一周不要超过两次，太多了会打扰到用户，最坏的后果可能是用户退出群聊；可以与群聊成员进行交流沟通，提前预热产品，或者提供部分产品列表，以供用户进行选择，由群主与对应商家进行沟通折扣信息，或者由群成员投票选出其最想购买的产品 （2）分享形式：分享内容不一定都是产品推荐信息，也可以是一些短文本，文本字数一般一两百字左右，关键在于内容能引发读者的思考，产生思想的火花，形成良好的互动效果
		三、人工及时互动 微信的本质是沟通平台，沟通需要有来有往，所以人工互动必不可少，群聊成员提出的问题，需在2小时内回复并给出完善的处理方案，并持续跟进问题处理进度。处理完成需及时在群聊内进行公布，同时安排人员与已经购买的用户进行沟通，询问其对产品的评价，好的评价及时在群聊内进行分享，不定期地为某些事件（时事、热门话题等）发放红包，增强用户活跃度
		四、从线上到线下 个人朋友圈大部分成员是以当地人员为主，不定期组织策划群成员线下交流会，分享产品体验，讨论产品性价比。从沟通的效果而言，见面沟通是最好的方法，也更容易拉近感情，面对面的交流更容易培养忠实的粉丝，让群成员更有亲和力、凝聚力，线下活动也是增加群聊成员的重要手段，同时还需及时将线下活动照片分享至群聊，产生更鲜活、更接地气的内容

续表

	微信群营销实施方案
维护微信群	五、贵在坚持运营 坚持很重要。分享一次产品信息或者知识技能分享,群聊成员不一定购买产品或者交流互动,可是当分享了50个不同类目的产品或者知识技能培训的时候,一定会有人购买产品或者进行交流互动。微信群维护不能靠一招鲜,拼的是长期坚持,在实践中不断积累经验,培养和用户的感情,你的目标才有可能实现

六、做新零售

案例1:

2016年11月底,王府井集团成立全渠道中心,将原来的市场部、电商公司和全渠道项目合并重组,升级为直接归属集团总部中的一个重要业务中心,从集团层面重新定义了未来零售的方向。

王府井全渠道中心主要做三件事:第一,做触达通道,第二,把门店现有的营销数字化,第三,在做好前两者的基础上提升数字化和数据驱动的新零售能力。

案例2:

国美新零售战略是以"6+1"为价值创造触点、以供应链为核心竞争力的,集互联网、物联网、务联网于一体的新零售生态体。"用户为王"是国美重新定义零售的总原则,而"平台为王"则表示国美将致力于形成以门店为基础的线下入口端和以"国美Plus超级平台"为主流的线上入口端,将以"社交+商务+利益分享"为主导构建开放平台。

案例3:

随着互联网的发展,电商巨头逐步开始向线下沉淀。从阿里巴巴牵手苏宁可以看到,线下零售店模式的优势仍是纯电商无法触及的。苏宁云商借助线上线下的多场景体验和感知,线下的核心优势加上成熟的线上运行,有效地把购物体验、导购、物流极致配送等双线结合在了一起。

如今，电商的社交化已是常态，未来，零售无论是从商家还是消费者角度都将是自由开放的状态。

场景的构建是新零售时代重要的部分，特定的购物人群、节点，都需要不一样的购物场景，从而带给消费者更好的购物体验。目前很多企业都开始做起了新零售，有的企业做得不错，有些企业并没有想象中做得那么好。其实，主要原因还是对新零售的理解各有不同。

1. 新零售商业模式是什么

互联网时代，传统零售行业受到了电商互联网的冲击。未来，线下与线上零售将深度结合，再加上现代物流，服务商利用大数据、云计算等创新技术，构成未来新零售的概念。纯电商的时代很快将结束，纯零售的形式也将被打破，新零售将引领未来全新的商业模式。

利用互联网的思想和技术去全面改革和升级现有的约 30 万亿元的社会零售商品总量，使得中国消费者日益升级的消费需求可以得到有效的满足，使得整个商品生产、流通、服务的过程因为互联网、大数据的广泛运用变得更加高效。

不管是电商，还是线下的连锁店、零售店，本质上要改善效率，只有改善效率，产品才会越来越好，老百姓的购买需求才会极大地释放出来。

2. 新零售商业模式怎么做

来自国家统计局的最新数据显示，新零售对中国经济增长的贡献与日俱增。2016 年，全国最终消费支出对经济增长的贡献率为 64.6%。其中，中国网络零售交易总额已达 51556 亿元，同比增长 26.2%，比同期社会消费品零售总额增速高出 15.8 个百分点。

数字背后凸显新零售在未来中国经济格局中的重要意义。那么，新零售到底是什么呢？业界对此看法不一，但普遍认为新零售下，实体零售与电子商务的商业形态不再对立，线上线下融合发展将是中国电子商务发展的新常态。

其实"新零售"所谓的 O2O（线上线下融合）合作背后，更多的是在业者争夺各自所缺乏的资源——实体业者缺乏客流,通过线上导流可为自己的门店获客,而电商则缺乏线下实体店的货源和库存管理优势,从深层次来说是各取所需。

零售行业在"新零售商业模式"环境下会有四种发展趋势:

第一,科技、数据在整个零售行业中发挥的价值会越来越大。

第二,线上零售商不断向线下发展,线下零售商不断开展线上业务,线下线上相互同步、拥抱。

第三,线下、线上合作将会越来越紧密,合作方式从业务合作转到战略合作,甚至转变为资本合作。

第四,零售业的整个业态,包括综合市场、专业市场、专卖店、商场超市、便利店等都将加入"新零售"行业,并且加入速度会越来越快,与"新零售"越来越紧密。

案例:
新凤舞:从传统家居服批发零售企业转型为一体化整店输出企业

新凤舞的飞速发展得益于两次企业营销思路突破。新凤舞成立之初以生产丝质家居服为主,那时候家居服业内大部分都是以韩版、棉质为主流,新凤舞的出现也让不少追求品位生活、品质产品的终端与顾客眼前一亮。第一次突破是新凤舞的设计团队陆续从青花、牡丹等独具中国特色、凝练文化内涵的中式元素中得到灵感。作为集开发、生产、销售于一体的发展中企业,品牌的灵魂与文化至关重要,确定原创新中式风格让整个品牌焕发了无限生机与商机;第二次突破是一体化整店输出模式的确立与推广。随着市场的发展,客户需求越来越多元化。单纯的一家店只卖一个品类在许多顾客眼中,已不再被欣赏。这时候的新凤舞已拥有家居服、文胸、男女内裤、男女袜及保暖内衣、单裤等多种应季产品,于是新凤舞推出了理念一体化、商品一体化、形象一体化、服务一体化、营销一体化、盈利一体化的整店输出模式,提供选址开业、店铺陈列、人员培训、活动促销、店铺管理、宣传造势、引爆盈利等多方面客户服务,帮助客户解决开店与营业的实际问题。新凤舞的两次突破造就了今日的发展盛况,如今新凤舞的销售网络已遍布国内200多个大中城市。

第九章 中间渠道去哪儿

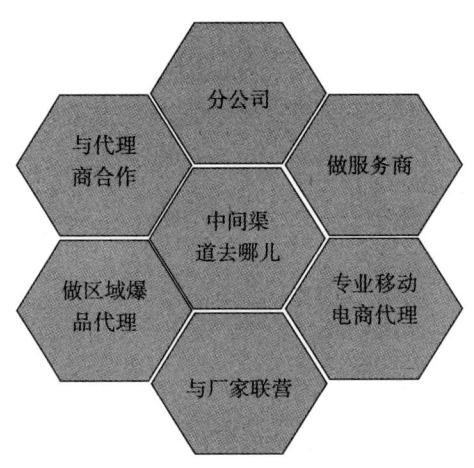

一、与厂家联营,做分公司

过去,传统品牌代理商只要有好的产品,就不愁没有销路,甚至渠道和终端都会排队来预订。后来好产品多了,供大于求,只有好产品不行了,不过如果拥有一个好品牌,同样可以在渠道里畅通无阻。一年筹备几次订货会,就完成了销量,甚至可以收到大笔的预付款,根本不用掏自己的钱来做生意。

而如今,随着电商的普及以及社区连锁店等新型渠道的兴起,传统分销模式的分销方式遇到了巨大的问题,传统代理商的日子不好过了。传统的分销模式,是依赖产品出厂价和零售价之间高额的价差来支撑多个层级的分销动力,而电商的普及将很多产品的零售价一下子降了下来,大大缩小了传统代理商的分销利润空间,直接导致渠道的分销动力减弱。在这方面,价差就像是落差,落差越大,水流得越有力越快;否则,越无力越慢。

知道了问题所在,那么如何解决?虽然依然要坚持传统代理商快速的分销覆盖,但又不能像过去那样靠高价差来实现多级自然分销,必须实现渠道的扁平化。因此,很多厂家开始了渠道瘦身,把大代理商砍掉,直接覆盖县级代理商,甚至有些做起了直营销售。如此,不仅使厂家的渠道能力得到大幅提升,也让一批传统经销商失去了经营多年的渠道网络。

那么,在电商、社区连锁店、厂家的三重压力下,传统的品牌代理商到底要采取怎样的调整策略,才可以再次获得发展呢?应该集电商的便宜、社区连锁店的便利和厂家要求的渠道竞争力于一身。这种新的代理商发展模式,渠道扁平,层级最少,零售价格让利给消费者,深度覆盖社区,实现一体化综合服务优势。综合以上新型代理商应该具备的特点,就得出了厂商联营模式。

所谓厂商联营就是,厂方在市场上成立与代理商的联营公司,将各大小代理商,按照一定比例的股份分配,实现厂商联营公司,取消过去的多级分销,改为厂商联营式的扁平结构,直接覆盖到县区、终端。采用这种方式,使过去的省级代理商和市级代理商成为联营公司的股东,分享联合经营成果,大大提高了渠道竞争力,既可以有效避免直接开发县区和终端客户给各级代理商带来的伤害,还可让他们继续参与进来贡献力量,以保证渠道的扁平化和竞争力。

任何一个成功的商业模式,只有在产业链上有着明确的角色分工,才能价值最大化,否则也只是一个阶段性产物。简单来说,厂家的核心价值在于"营",重心是产品研发和品牌推广;经销商的核心价值在于"销",重心是做好仓储、物流和促销等销售方面的工作。

现在,我们就介绍五种厂商一体化营销模式。

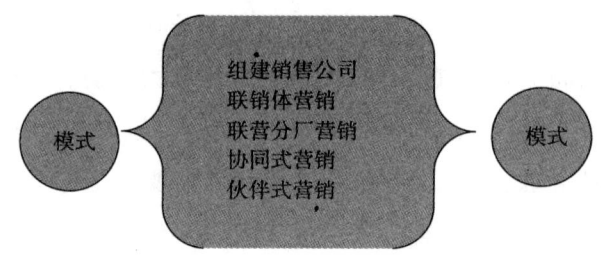

1. 组建销售公司

厂家与经销商共同组建销售公司,是厂商联手打造共赢平台的一种方式。通过这种方式,可以使厂家和渠道两个不同利益关系的实体在风险共担和利益共享方面基本上重叠在一起,理念和向心力聚集在一起,真正体现出厂商高度一体化。

厂商共建销售公司,双方思想统一、目标共同、行为一致,更容易实施深度合作,更容易共同提高管理水平、经营水平、盈利能力等,可以彻底解决、避免诸如串货、倒货等市场运作困惑与难题。

2. 联销体营销

联销体营销模式首创于娃哈哈,核心思想在于:厂家掌握主动权,让利的同时对经销商严格控制。

娃哈哈联销体建设主要包括四个部分:

(1)实施保证金制度,经销商按年度缴纳一定的保证金,进货一次结算一次,娃哈哈则提供更多优惠,如高于银行存款利率的回报、对完成销货指标的经销商年终返利,完不成任务的实行动态淘汰。

(2)实施区域销售责任制,使经销商、二批商各得其所,互不侵犯对方的业务范围;严格划分责任销售区域,努力消灭销售盲区、杜绝串货现象。

(3)理顺销售渠道的价差体系,明晰经销商、二批商和零售终端的利润空间预期,将利益有序分配。

(4)建立专业的市场督导队伍和督导制度。

3. 联营分厂营销

所谓联营分厂营销模式就是,厂家和经销商一起在经销商所在地创办分厂,抱团"打天下",风险同担,利益均沾,实现共赢。当然,厂商通过创办联营分厂来实行营销的一体化,首先要满足以下四点要求:

(1) 产品在当地有一定的成熟度。只有将产品做成熟,让市场做大、做强,厂商才有机会联合办厂,降低运营成本,不断扩大盈利空间。因此,要鼓励经销商加大市场拓展力度,不断对市场进行高密度、高强度的渗透,为争取创办分厂创造条件。

(2) 所在市场及其周边区域销量能支撑该厂。要以建立的该样板市场为核心,辐射和影响周边区域市场;以该区域的整体销量能够支撑该分厂运营为基准,否则厂商担负风险相对较大,共赢的保障相对降低。

(3) 双方共同出资、共同管理。创办的分厂,一定要双方共同出资,共同对分厂进行财务、人员、物资、物流、采购等方面的管理。同时,要提高经销商企业化运作意识,完成从单纯的经销商到经销商、制造商双重角色的转变。

4. 协同式营销

协同式营销模式是指以厂家为上游供应商,与下游的渠道合作商通过各自资源的互补达到推动市场网络快速扩展的目的,协同进行营销传播、品牌建设、终端建设、产品促销等营销活动,达到共享营销资源、巩固营销网络目标,实现厂家与渠道经销商紧密合作。

这是一种多方获益的营销理念和方式,整合了厂家与经销商之间的资源,改变了经销商单打独斗拼市场、拼资源的局面。

5. 伙伴式营销

伙伴式营销模式,就是以经销商为主体,厂家为辅体,共同经营市场。这种营销模式,就是厂家把公司的经营平台前移到市场中,将复杂的事情简单化,将所有诸如推广、促销、售前、售后等市场资源前置给中间的经销商,建立起快速反应、迅速决策的市场机制。

新疆娇点针织董事长邓建国对此有其独到的见解,他联合很多厂商一起合作,把区域市场做到了诸多品牌第一,由于渠道开发快,市场维护好,深得厂家和商家好评。

南昌永兴隆服饰林笑星也一样，以信誉为先，在江西扎根了十几年，通过伙伴式营销，开创了江西服饰的营销先河，获得了广大终端朋友的认可。

昆明丁俞文女士对整体服饰针织零售渠道也有很深的研究，她在近几年的加盟体系发展中，用伙伴式营销业绩提升了200%。

厂家是品牌供应商，要做好两件最核心的工作：产品研发与制造、品牌推广。而经销商则有效肩负起厂家在前台的各项市场开拓、网点管理、市场维护等职能。

在这种模式中，厂家和渠道都保留了自己的独立性，在品牌和产品的纽带下，依靠责任分工的不同，各自拥有较为全面的自主性和操作空间。这种营销模式改变了传统的以厂家为营销主导的操作习惯，使身处营销一线的渠道经销商成为渠道深化的有效支持和服务平台，经销商能够因地制宜，有效合理地使用资源，并形成市场动态快速反应的有效保障。

二、做服务商

整个上午，李明都电话不断，几乎都是顾客打来的。李明是个乐天派"90后"，不管谁找他，见面寒暄时，他总是咧嘴一笑。最近因为沟通不到位，几个客户没收到款，上门找他交涉，结果硬是被李明风趣的言语逗笑了。

客户说，初见李明，都以为他是"富二代"。而李明则说，读书时的学费都是母亲东拼西凑的。创业前，他在金融公司上班，辞职时月收入上万元。

因为工作的缘故，李明常与POS机商家接触，辞职后，便干起了POS机服务商。他家里并不富裕，开公司的资金，全靠他自己想办法。第一年，李明陆续接到一些业务，但根本没赚多少钱，跑了一星期才卖了一台POS机。

李明刚开始与人打交道时经验不多，自己逼着自己往前冲，不冲也没有退路。公司业务有起色，还是在2015年8月。当时，公司新吸收了一名员工陈晓，在他的努力下，上班首月即卖出数百台POS机。

陈晓过去做过很多事情，卖过方便面，开过餐馆，在加入李明公司前，他刚从一工地上辞职。在两人的努力下，公司走上了正轨。2016年6月初，公司从小民房搬到了沿街敞亮的新楼里，公司最后一拨员工也搬进了新办公室。

虽然公司是李明独资控股，但陈晓是他的"合伙人"。2016年上半年，公司创造了数百万元的利润。

服务商的魅力由此可见一斑。

三、专业移动电商代理

发展代理商最简单的方法就是，在大众媒体上刊登招商广告。但这个方法费用过高，而且针对性不强，投入与产出相比，得不偿失。所以，各企业在实际运作中并不常用此方法，此方法也不是唯一的方法，它只是众多方法中的一个。这里，就给大家介绍几种常用的寻找代理商的方法：

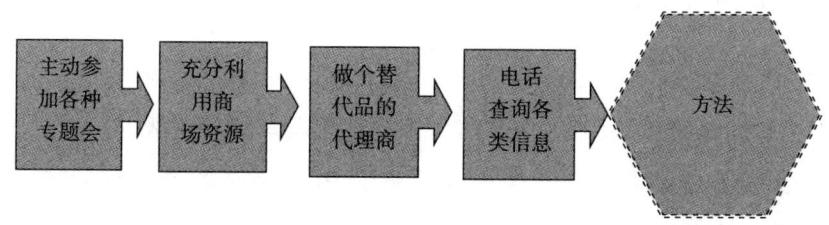

1. 主动参加各种专题会

在各行各业中，都有一定行业的专题洽谈会。例如，纺织行业有纺织品展销会，食品行业有全国春季糖酒交易会和秋季糖酒交易会，各种机械设备有机械设备展览会等。各行业都有其正常的行业性质交易会，同时，外贸交易会也定期举办。在这些类型的产品交易会上，同行业的代理商会应者云集，大量的机遇孕育其中，空间顿觉宽广。

2. 充分利用商场资源

在商场中，很容易了解到竞品或大类产品的代理商的电话或者其他信息，然后再根据此类基本线索去寻找更深的线索。

此类方法的最大难点在于，国内生产的产品只有厂家地址，没有代理商地址。只有进口产品才有国内代理商的资料,所以,纯靠标贴是无法解决问题的,可以从店内的服务员、促销员、理货员口中了解代理商的基本信息,这时要表明自己不是其他商场人员,不是其竞争对手,不会与其竞争,同时表明自己的真正意图,以求得理解与支持,这样做成功的可能性比较大。

3. 做个替代品的代理商

一般来讲,替代品的代理商是最佳选择。因为他们经营的产品与自己公司的产品有相似性,但又不直接构成竞争。在寻找和洽谈时遇到的阻力也会较小。

例如,美国亨氏公司米粉寻找奶粉的代理商就非常有利,一般经营奶粉的代理商,都有经营、推车、游戏垫等可能,剩下的问题就是他们是否愿意代理的问题了。

在替代品的众多代理商中,我们有很充分的时间进行选择。选择替代品的代理商的另一个好处是,可以充分了解替代品在当地的销售状况,为自己公司产品的品项延伸提供信息。

案例:

红红红:从传统内衣批发到三驾马车并驾齐驱

红红红内衣品牌管理有限公司成立于1996年,距现在已有22年的底蕴和历史。在22年的风风雨雨里,红红红一度崛起,成为内衣行业的领跑者。红红红从西南地区最大内衣代理商到全网营销的跨越,实现了一次又一次的突破。其代理的品牌达到50余个,同时还运营着多个自有品牌,现在在西南地区乃至全国都拥有着一定的知名度和美誉度。红红红的三驾马车中的第一驾马车传统批发板块已拥有一定的根基,目前经销商已达上千名,成为中西部规模大、品牌全、客户多、服务专业的内衣行业领军企业;第二驾马车连锁板块,中高端的金色伊殿和以打造社区为核心的红红红连锁也在茁壮成长,同时完美实现整店输出的模式;第三驾马车互联网营销,婷媚云集以实体为根基,以互联网为工具,实现全网营销。实现了传统代理的蜕变和升级。

4. 电话查询各类信息

由每个区域的具体负责人按照电话号码本上各专业公司的线索进行联络。首先，列出可供选择的单位的名称及电话，但要考虑到随着中国社会经济形势的发展，传统的有明显标志的各行业的商业企业逐渐衰落，而新兴起的各种不同经济形式的商业企业，往往是服务公司、有限责任公司、商贸公司等，从字面上看，很难判断其单位是经营哪类商品的代理商。因此，电话联络的范围要广，数量要大，询问的内容要详细，这样才能有较大的信息量。但这些信息仅供参考，大部分工作要靠进一步的联系以及实地考察来解决。

四、做区域爆品代理

如何做区域爆品代理呢？

1. 代理定位

代理招募是每一个品牌及团队必须经历的过程，现在招募代理方式有很多，例如，直接拉群分享产品及代理机制；拉群开课教授简单微商知识，然后推广产品及代理机制；群内分享成功案例；直接刷朋友圈招募代理；群发信息招募代理。

2. 代理人群（受众）

代理人群定位需要非常细致，人群的年龄、喜好、社交圈、出现的地方，都要划分清楚，这样才会找到符合要求的精准粉丝。有些人招募代理是大网捞鱼，不管是谁先拉进来再说，操作一段时间后，你会发现做很多无用功，效果不怎么好。原因就在于，定位不够清晰，没有找到精准的粉丝。

3. 代理的来源

代理的来源主要有：

（1）同行。很多人会顾忌不和同行进行交流分享，害怕自己的模式或者代理被挖走，究其原因其实就是自己还不够强大，模式还不足以吸引代理和粉丝。如果你足够强大，足够有吸引力，相信你的代理就不会轻易流失，反而会吸引更多的人到你身边，包括同行。

（2）身边的圈子。影响他们成为代理固然重要，挖掘他们身后的资源更加重要。影响身边的圈子，也需要我们足够的强大。当你成为明星后，你的吸引力就足够吸引身边的人。同样，链接他们背后的资源（鱼塘）也非常重要，微商一个很重要的点就是链接别人的资源，只有这样才能发展得更快。

（3）顾客。微商代理大部分是从顾客转化过来的，这些消费过产品又认可产品的人，成为代理的机会最大。很多团队的顾客服务是没有做好的，也就是客户的跟进是有问题的，他并不足以感动客户，让客户有成为代理的冲动。

（4）链接名人。当然这个对于有些人是有难度的，但是大家要知道现在是移动互联网时代，只要你想链接，其实都可以链接得上，只是方式方法的问题。有了名人效应，自身的影响力也就提升了，同时链接其他资源也变得容易了。所以想招募代理，自己要先列出上面的细节，时刻告诉自己代理的招募方向。

五、与代理商合作，强强联合

所谓代理商指的是，在签订合同的基础上，为委托人销售某些特定产品或全部产品的代理商，对价格、条款及其他交易条件可以全权处理。这种代理商在纺织、木材、某些金属产品、某些食品、服装等行业中比较常见，这些行业竞争非常激烈，产品销路对企业的生存至关重要。

奥尔黛丝总经理吴华，采用与代理商合作的模式，在2017年上半年销售中，逆势上扬，抓住了市场核心法门，增长了178%。

一个产品能否成功上市、售后服务工作能否做到位，客户的选择至关重要。在代理商选择问题上应注意以下问题：

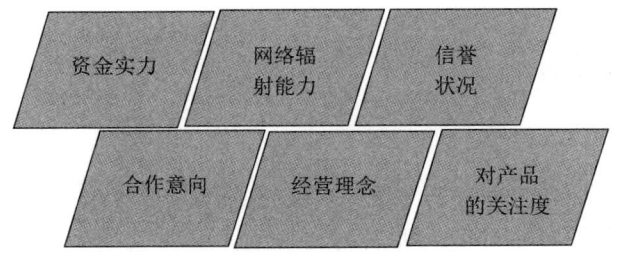

1. 资金实力

对企业来说，产品的价格较低，对代理商的资金实力要求不是很高，这两年有很多企业的业务人员成了代理商，并且取得了较好的销售业绩。因此，在关注代理商资金实力时，不要要求太高，要结合企业产品现状，只要满足公司对代理商的保证金、周转金的要求和公司物流配货方面的要求就可以，对资金实力方面没必要十分苛刻。

2. 网络辐射能力

如果代理商的网络辐射能力较差，会直接影响公司产品的上市及销售。选择一个网络实力较强的代理商，对产品进入市场有很大的好处。过去在部分市场都有一些当地较大的代理商，经营的都是一些大品牌的产品，网络覆盖能力很强。在产品进入市场时，确实取得了较好的销售业绩。可是，后来却无法跟上公司发展的需要了，逐步退出了经销商的行列。为什么？因为他们无法满足产品对市场服务的需要。因此，选择客户时，网络辐射能力固然重要，服务更为重要。

3. 信誉状况

在市场交易过程中，不守信用，是不容忽视的问题。守信是市场发展与合作关系建立的保证，如果选择的代理商不守诚信，会给市场的发展带来不良影响。

例如，某知名企业做县级市场开发工作时，有一代理商主动要求与该企业合作开发当地市场，经对该代理商的资金实力、网络辐射能力进行考察合格后，双方签订了合同。可是，几个月后统计显示，此市场销售进度缓慢。后来仔细查看市场上的产品，竟发现大量的假冒产品，究其根源，问题出自此代理商。该代理商借用该企业的授权,销售假冒产品,对该企业的市场开发与销售造成了不良影响。

4. 合作意向

如果该代理商其他条件都能达到要求,但对企业的产品没有兴趣,则白费心机。因此,选择代理商时要有针对性地多选择几家,不要只盯住一户不放,比如,有 A、B、C 三家代理商,A 代理商条件最理想,但其不愿与企业合作、B 代理商较 A 代理商条件稍差且合作意向不大、C 代理商条件比 A、B 代理商差一些但合作意向较高,那么可以考虑与 C 代理商合作。

5. 经营理念

随着市场的不断细分,终端网络的不断发展,有些经销商确实能通过自己辛勤的耕耘,随着大企业的发展不断完善自己的网络渠道建设,增强自己的服务功能。而有些代理商因为个人经营理念等原因,则停留在流通渠道而停滞不前。在选择过程中,代理商一定要关注经营理念的问题,这关系着公司产品的整体发展。

6. 对产品的关注度

对产品的关注度也就是代理商对经营公司产品所持的态度。各代理商之所要经营你的产品,都是为了要获利,但其获利的方式却不尽相同。

(1)品牌产品可以加强其网络建设。这种代理商不太看重产品的利润,在后期合作过程中不会努力推荐你的产品,会专心推荐其他获利高的产品,容易低价销售,影响产品的价格体系,不会在新品推广上下功夫。

(2)不管自己的渠道及服务方式适不适合就拿来销售,认为自然流通就可以完成销售。不管是什么大的品牌产品,最终销售的好坏都取决于消费者。可是,消费者接受一个新品牌有一个过程,也就是说,不论什么产品,不是拿过来就能卖的。这种代理商前期对产品的期望很高,投入热情较大,但要求的回报也会较高,会不按公司的价格体系执行而追求高利。

(3)尝试着去做。这种代理商会有两种做法:一是追求高利,投入了就要尽快得到回报,不管产品后期发展怎样;二是让其他产品带着走,能卖就卖，不能卖就算了，不会积极推荐。这两种代理商，都无法保证产品的成功推广。

（4）自己本来经营竞品，不愿别人拿到产品与其竞争，谁发展好了，就重视谁。在过去乐百氏和娃哈哈两大品牌在竞争过程中，部分区域市场的代理商就出现了这种情况，甚至还出现了两方的业务人员人为地去挖另外一家的代理商，结果两个厂家拼实力、拼价格、拼促销，代理商则坐收渔利。

（5）产品互补，有的代理商，希望能通过与还未合作过的公司合作增强自己的整体竞争实力，对产品和公司发展重视程度较高。但这类代理商对产品的经营经验不足，需要公司加强前期指导。

（6）刚开始做生意，没有什么品牌产品，把产品真正当成自己的产品来做，关注度高。这种代理商合作起来配合度高，工作努力，但欠缺实力，需要公司正确指导。

在实际选择过程中，企业要根据市场的发展情况，结合企业实际情况慎重地选择适合的代理商。但选择代理商不是最大的就最好，适合的才是最好的。

第十章 终端（移动手机端）去哪儿

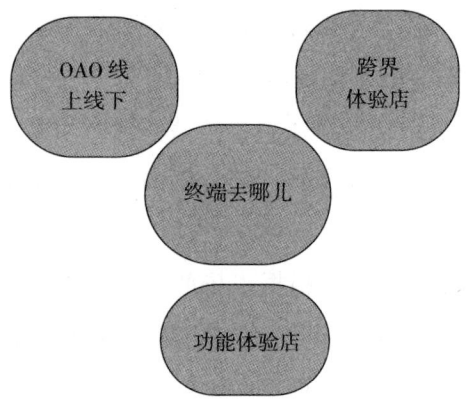

一、跨界体验店

如今，我们都可以像电影里的欧洲贵妇一样，喝着咖啡试新衣。累了，还可以舒服地窝在一旁的沙发里。服装零售业就出现了一些变化，一些品牌服装店里开设了DIY咖啡吧、零食吧等，这完全打破了传统零售服装店的模式。这种跨界混合型的体验馆模式，或将成为未来实体零售行业的发展趋势。

> **场景1：一边喝着咖啡一边试衣**
>
> 在某购物广场一家国内时尚连锁品牌店里，出现了这样一种购物场景：700多平方米的试衣间布置得清新明亮，木质衣架及地板，居家式的商品陈列设计……店中央专门辟出来的休闲区是原木长吧台，上面摆放着胶

囊咖啡机，免费供店内消费者DIY做咖啡，多种口味，随心选择，还提供奶、糖、餐纸、搅拌棒等。

在店内购物的消费者多是年轻人，这类消费者讲究个性化，注重生活品质，追求新奇体验，平时店里就有不少年轻消费者围坐在吧台边享受着自己的DIY咖啡。消费者逛街时，看看新款服饰，还可以自己动手调制咖啡，尝试不同的口味，小清新范十足，惬意而有趣。

场景2：服装店变生活馆

在郑州银基商贸城五楼，有家叁盟生活馆。叁盟生活馆主营项目有：时装、帽子、鞋子、配饰、咖啡、西餐、美甲、家居、形象等。这里购物环境相对舒服，顾客如果逛累了还可以到咖啡吧休息，即使不购物也可以去随便坐坐。顾客休息时，还可以看看店内的杂志、iPad、LED灯等上面的图片，无意中可能就会看到自己喜欢的，如此，试穿就会提升。

场景3：电器店里喝咖啡学摄影

为了吸引更多的客流量，越来越多的专业化实体店扩大经营业务和范围。位于华强北的苏宁电器店改头换面，传统门店变成了苏宁易购云店，成了一个体验式服务的综合购物中心。除了传统家电专区外，还有超市专区、海外购专区、金融专区等。

在咖啡专区，绿色小栅栏的装饰让整个空间更加宁静和谐，弧形的吧台还装有电子书阅读器。在这里除了可以喝咖啡，还可以听音乐、阅读。在游戏专区，还能免费玩游戏，且不限时间长短。此外，摄影讲堂、餐饮课堂等以周为单位的主题互动活动轮番举行，吸引了很多人。

如今，这种混搭能吸引到访量，呈现上升趋势，重复消费的比例较高，消费者的品牌黏性很强。

随着人们消费心态的日渐成熟及互联网购物的兴起，靠巨量铺设国际名牌店和服装店的商业地产发展模式，正面临着日益狭窄的市场。越来越多的零售商家跨界经营，实体商场流行"混搭"，体验式消费占有越来越重要的位置。

二、功能体验店

对于大多数有换手机需求的用户来说,只有通过线下销售门店,才能接触到想要的产品。

传统的手机店面,注重的是手机的销售过程,并不能让用户了解更多的产品信息。作为目前国内最强势的智能手机厂商,vivo 一直致力于为用户带来更具创新性的产品,其一改传统销量为王的卖场,将体验中心定义为以提供服务和产品体验为核心的综合平台,而销售仅作为其中的一项功能。

2017 年 7 月 8~9 日,铺天地携手 vivo 将"乐享非凡"非凡体验馆强势入驻深圳欢乐海岸,并带着旗舰手机 Xplay6 震撼登场,为深圳观众打造了一场全新、非凡的场景体验之旅。

夜景人像摄影馆。平常夜景照不会拍,或者拍得不好看,就可以参加一次这样的活动,因为用户只需负责貌美如花。这里,专业摄影师会用 vivo Xplay6 超强夜拍功能,为用户在夜光环境下进行人像虚化写真照,不但美,还可以免费打印给用户。如果用户想给自己留下一张惊艳的夜光写真,这就是一次好机会。

觅寻 Xplay6·乐享非凡拍照。vivo 特制的虚化拍摄体验区,夜间色彩缤纷亮丽,加上 Xplay6 后置索尼全新一代 IMX362 传感器,外加可测景深的专业虚化副摄像头,给用户带来出色的虚化效果,每张照片都如同唯美的壁纸。这种唯美的回忆照,尤其适合小情侣和小闺蜜。

现场带你开黑。作为一款顶级旗舰,用来娱乐自然不成问题。凭借其外形设计和机器配置,vivo Xplay6 已经成为 KPL 王者荣耀职业联赛的赛事指定用机。在活动现场还开设了游戏开黑区,让大家通过现场组队,实时对战。在畅快开黑区,用户不仅可以随时畅快体验游戏,还可以参与团战,赢取大奖。

Hi-Fi 聆听区。vivo 是做音乐出身的，如果用户喜欢音乐，且对音乐品质有一定的要求，Hi-Fi 聆听区绝对会让他流连忘返。用 Xplay6 专业级 Hi-Fi 芯片配合 XE1000 耳机，这种新颖的结合，给用户带来了一次全新的听觉盛宴。

与铺天地携手，在深圳体验中心，vivo 将"注重场景化，用户体验性和行业差异化的服务"的这种理念发挥到了极致。而这次 vivo 全新体验中心做的就是，将普通手机店变为整个 vivo 品牌的互动中心，将手机销售这类单次的互动升级成多次增值服务和售后服务于一体的"手机 4S 门店"系统，与消费者建立更直接、长期有效的联系。

中国品牌爱黛内衣，在董事长杜承坪的带领下，经历了坎坷风云变幻后，抓住了新零售市场的"体验"红利，把一个内衣做成了一个社群体验馆，跨界到其他行业，用新的思维、新的方法，勇于创新，开拓进取，在中国市场"关闭潮"大行其道的今天重启了"开店热"的按钮。

体验式营销的作用由此可见一斑。所谓功能体验店就是，企业通过采用让目标顾客观摩、聆听、尝试、试用等方式，使其亲身体验企业提供的产品或服务，让顾客实际感知产品或服务的品质或性能，促使顾客认知、喜好并购买。随着消费者个性化需求的不断提升，未来的消费市场全面进入体验营销时代。

云南昆明优秀经销商丁俞文，用胸部按摩、治疗的理念帮助了很多零售终端解决了"引客难、锁客难"的问题，通过引用他的新零售理念：帮助消费者做胸部理疗，实实在在解决消费者的痛点，把体验做到了极致，解决了很多零售商转型的难题。

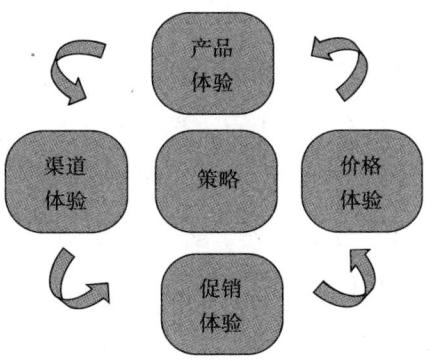

1. 产品体验

企业产品是由核心产品、形式产品及附加产品为主要组成部分构成的。

（1）核心产品包括两方面内容：一方面是能带给消费者功能性用途的利益，另一方面是企业所提供的产品和服务能带给消费者独特难忘的体验内涵。

（2）形式产品则是，企业为实现产品功能和满足消费者体验而生产的产品实物、事件或活动，是产品在市场上的具体形态体现。

（3）附加产品则是，消费者购买某种产品所得到的各种额外或附加利益的总和。附加产品能减少或消除消费者购买时所存在的风险和遗憾，能增大顾客购买的利益，使顾客得到满足。

2. 价格体验

价格体验策略是最重要的体验式定价策略，简单来说，就是给顾客留下完美体验的定价策略，体验式定价策略真正贯彻了这一内涵。

能让消费者拥有难忘购物体验的公式为：顾客体验＝顾客知觉到的（价值）-顾客期望得到的（价值），消费者为自己体验的事物（含产品、服务、消费感受等）确定自己能够并愿意接受的价格。

3. 促销体验

企业必须建立能展示体验的促销平台，在顾客方便接触的地点，为其提供可以尝试这种体验的场所和舞台。比如，户外活动、体验广告、店内促销、营造体验气氛等，营造一种体验环境，让顾客感悟产品体验，从而激发顾客的购买欲望。

4. 渠道体验

企业只有通过设计渠道及经过精心选择，才能使消费者产生丰富的体验。它包括：营造渠道氛围、选择渠道地点、选择独特的渠道或渠道策略组合。

芬琦养胸馆创始人之一赖一良，在大健康产业的环境下，用其独到的眼光，选择了女性胸部护理产业，开创了新的商机，短短一年多，在全国迅速开了几百家加盟店，市值数亿元，许多资本都青睐这个具有高回报率的项目。他决定做胸部护理界的"滴滴""货拉拉""河狸家""微谷营销"。

金采尚品量子系列产品创始人金日强，用他的时珍量子袜做门店体验，通过血液循环检测仪，对使用之前和检查使用之后进行对比，很明显的血液循环加速，促进新细胞代谢，从而提高细胞活跃度和人体免疫力。因此取得了很好的市场效果。

梧桐本色创始人刘建新认为，现代新零售一定要有体验感，其采用的模式完全取代了传统经营方式，以"用户"体验为第一核心，抓住"85后"主流人群的消费诉求，对体验感进行了360度的升级，创下了行业招商奇迹。

三、OAO 绝对线上线下，跨界店

OAO（Online And Offline），即线下（实体店）和线上（网店）有机融合的一体化"双店"经营模式，可以将线上消费者引导至线下实体店消费，也可以将线下实体店的消费者吸引至线上消费，实现线上线下资源互通、信息互联、相互增值。

实体店与线上渠道不是非此即彼的关系，实体店提供品牌、产品和消费者之间的深层交互体验，线上渠道提供便捷的购物通道和多样化的服务，两者是互相支持互相融合的。

基于吃喝玩乐等生活行业对于转型的需求，整合各行业中的小商户，打造本地生活服务平台，"城佰汇"横空出世，吸引了众多本地商家的眼球。

立足门店的自助广告服务。城佰汇自助广告平台抛弃了传统广告的臃肿，摒弃了DM单、广告牌等实体形式，不再采用电视广告等强制性视觉冲击的方法，而是将广告费用变成红包，将广告信息编辑完毕后放在红包之中，以消息推送的方式将每一条红包广告的消息推送给成千上万的广告平台粉丝，确保了消息的送达率。

杀格板块横空出世，综合OAO引动线上线下。为了进一步增加粉丝的黏性，增加商家与粉丝之间的互动，让商户的品牌宣传达到更好的效果，城佰汇上线了"杀格"，通过秒杀、团购、拍卖等模式会聚乐山涉及吃喝玩乐的数百家商户，以实体店为依托，将线上线下分离的零售形态升级为线上线下融合的综合性经营模式，借助移动互联网的社交特性，将门店流量资源与平台服务优势结合起来。

社交式分享，商品传播不受限。城佰汇是一款借助移动互联网的生活行业综合性服务平台，不但为朋友之间消费信息的分享提供了便捷通道，更为商家在移动端的商业布局带来新的机遇。商户用城佰汇将商品或者活动信息分享到朋友圈，朋友们不但能看到，还能与他们的朋友分享。

实体店不要害怕互联网，而是要主动拥抱互联网，社交媒体、移动设备正在融合形成一个连接无处不在的购物生活方式，利用"城佰汇"让商家与顾客联系起来，可以让商家主动维护顾客，让品牌人格化，让门店微店化，让会员数据化，实现线下实体店"互联网+"的转型。

作为一种新的营销模式，OAO以对客户体验的极度重视颠覆了原有的生态模式。作为一种新的营销模式，OAO对客户体验的重视也开始颠覆起网络上原有的生态模式，这种模式具有能和用户进行深度对话和互动的天然属性，在这种属性的需求队列里，就有占快消品半壁江山的饮料行业。

作为中国领先、产量位居世界前列的饮料生产企业，娃哈哈每年的饮料产量高达300亿瓶，这些海量瓶身资源里显然藏着一座难以想象的金矿。

娃哈哈福礼惠平台，是目前中国领先的OAO线上福利分发平台，率先创新提出大数据共享和送福利的生态模式，娃哈哈福礼惠也是移动互联网大数据时代共创共享的第一个践行者。借助独有而强大的"联销体"，娃哈哈集团的销售渠道渗透到全国各个城市和乡镇，拥有强大的联销网络渠道和线下推广人员。

娃哈哈福礼惠得天独厚的优势在于：可以借助娃哈哈独家授权的每年300亿线下流量中的瓶身资源、全国范围内6000多家分销商、540万个零售网点、3万多名地推人员力量、每月高达10000场的地推活动，创造线下流量入口。加上线上的一整套完善的商城系统和推广功能，使得娃哈哈福礼惠成立之初就站在了巨人的肩上。

娃哈哈福礼惠平台操作的基本逻辑是：用户购买娃哈哈旗下任何一款饮料，通过扫描瓶身二维码，就能参与到平台准备的 5000 部华为 P8 手机抽取、300 亿元入驻商家现金抵用券和任务红包领取活动中。

由此可见，娃哈哈福礼惠的 OAO 模式不是基于单个企业或商业团体的运营模式，而是立足于整个商业生态圈的运营模式。用户买到的不仅是一瓶水，还有和商家之间建立起的强有效链接，通过福利、游戏等途径拉近距离，甚至最终达到需求分析和精准内容推送，实现互惠互利，共存共赢。

OAO 的本质是以实体商业为核心，通过人网互动、人机互通和移动互联，打通线上网店和线下实体店信息通道，实现"双店"融合、资源共享，以拓宽消费渠道，扩大消费群体，提升经营模式，提高经济效益；对各个实体店的线上网店进行有机互联、互通，形成实体商业相配套的"网上商圈"，为购物中心、大型卖场、商超、商户等实体商业崭新商业空间和交易模式，以及为用户带来移动互联网时代的全新购物体验和消费价值。

OAO 模式可以解决实体商业发展面临的诸多问题，是实体商业不断发展的必然选择，更是实体商业持续繁荣的必经之路。

下 篇
转型与共享之"我如何去"

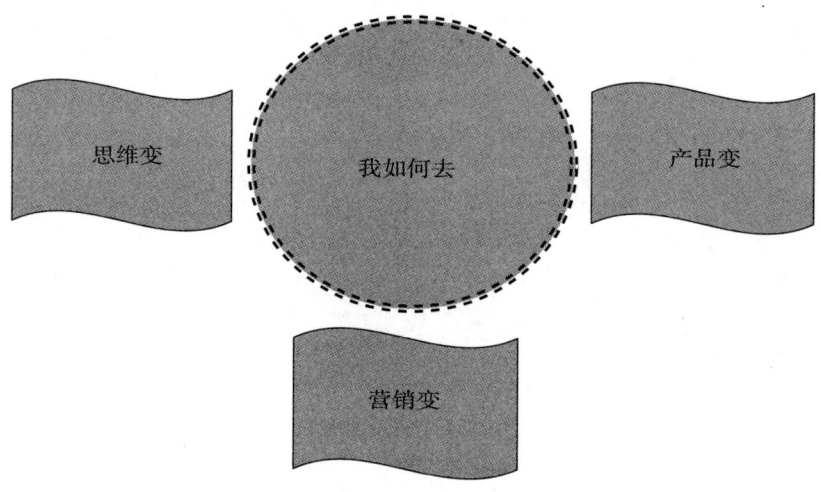

第十一章 思维变

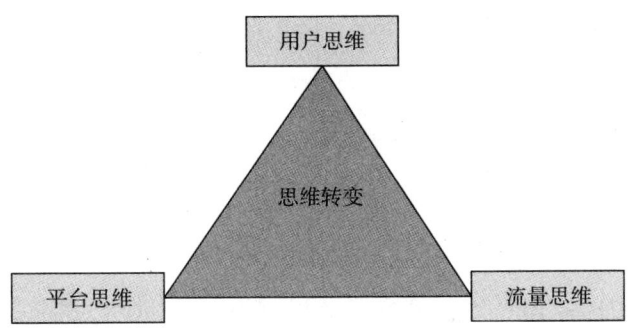

一、用户思维

互联网时代的到来，使得信息生产和传播的方式发生了变化，信息不再由新闻工作者制造，我们每一个人都是信息的原产地。"人"取代了信息成为了核心。因为人是核心，所以"用户思维"成为互联网思维的核心。

有这样一个问题：孙子三岁后开始读幼儿园，爷爷、奶奶（或外公、外婆）回了老家。牵挂着孙子的老人会不时打电话，问孙子离开爷爷奶奶的照顾，生活怎么样？作为父母，该如何回应老人家的关心？

相信很多人都会回答："爸妈，你们就放心在老家养老好了，孙子在家生活得挺好的，不用担心。"

我们的出发点是，为父母着想，孩子受点委屈我们吃点苦都不要紧，希望老人家快快乐乐地在家养老，不用太操劳。可是，这样的回答，往往会让爷爷、奶奶一脸黑线。因为，从"用户思维"的视角看，这样的回答完全是站在我们自身想的，老人家得到的信息是："没有爷爷、奶奶的照顾，孙子一样可以生活得很好，我们是可有可无的。"

"用户思维"就是完全站在对方的立场想问题，不仅是表面的问题，更多是深层次的问题。

淳美，以用户思维做品牌，在用户选择服饰针织类产品时，价格虚高是用户所思考的，结果，淳美砍掉中间环节，直接拉工厂入伙，上面控制供应链，中间成本大幅度降低，淳美只要5%的利润，把消费者购买的吊牌价降低60%以上，同时也让零售商赚取30%~45%的利润，这种模式深受零售商和消费者喜爱。

爱黛，用新的体验感社群店做营销，创造客户体验价值、分享价值、交流价值和跨界联盟价值，为传统企业转型提供了思路。

微谷营销，把培训成本革命性地降低、提升体验感，创造用户价值。

纯真日记，消费者首次交398元获得会员资格后，一辈子买高品质的卫生巾"免费"，创造了客户的价值。

怡兰芬，其定位为解决中国少女胸部发育和心灵健康的问题专家，以用户思维做品牌，短短的几年内，成为中国少女内衣佼佼者。

奔驰汽车，以用户思维做设计，在设计转向灯时，一般的车在开双闪指示灯的情况下，打转向灯时，双闪灯不会变化，而奔驰的车灯可以显示左拐或右拐，提高了安全性。奔驰的这项人性化设计，引领了用户思维的潮流。

小米电插排，在后面贴上双面不干胶，使得用户在固定插座时不用再找双面胶，体现了人文关怀。

爱满分内衣前排扣设计，体现了人性化。

深圳环球共享产业咨询公司，用平台化的思维做培训，其融合了培训、资本、产业链、人才、企业家等资源，用共享及用户的思维做咨询，创立一年多以来，已成为行业的标杆。

"用户思维"也需要洞察语言背后的心情，用恰当的语言呼应对方，而不仅仅是讲道理。

互联网的存在使得市场竞争更为充分。由工业时代的厂商主导，转变为互联网时代的消费者主导。这就要求我们必须从市场定位、市场研发、生产销售乃至售后服务整个价值链的各个环节，建立起以用户为中心的企业文化。

要深度理解用户，因为只有深度理解用户才能生存。没有认同就没有合同，商业价值一定要建立在用户价值之上。

1. 重视用户的参与感

小米创始人雷军表示，小米销售的是参与感，这才是小米成功背后的真正秘密。参与感在小米公司里得到了强调和广泛传播。用户需要的是参与感，应该把这种参与感传递到位。参与感是用户思维最重要的体现，粉丝经济就是参与感的一种体现，真正的参与过程是建立有爱的互动。

2. 用户体验至上

用户体验是一种主观感受。对于用户，扪心自问，我们是否真正站在用户的角度思考过？除了满足用户基本需要之外，我们还能为用户提供什么？

用户体验的打造，要贯穿各个渠道、各种终端、各类媒介，以及用户使用产品的各个环节，要自始至终地考虑用户的感受，以用户体验为指导原则。

用户思维不是你做了什么，而是用户感受到了什么。用户体验要前置，要让用户感受到，不要把精力耗费在擅长却无意义的点上。

二、平台思维

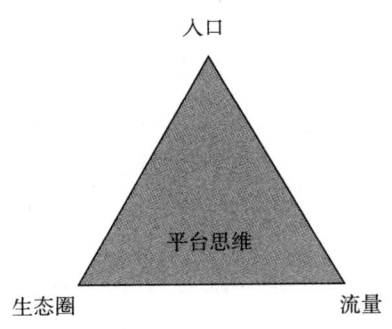

2014年5月22日,京东在美国纳斯达克上市。上市以后,新事业的导入、高比例的新入职高管将经历内部调适,资源的匹配度也将有一番调整竞逐。

这几年来,我们看到京东历年销售额节节攀升,企业亏损逐步缩小。跟当当网、苏宁易购、一号店、亚马逊中国等电商相比,从体量上说大了十倍,京东可谓是自营B2C的老大。但是整个中国电商市场,淘宝天猫商城的销售额是京东的数倍,如何去了解京东与阿里巴巴这两种商业模式的差异呢?

京东商城CEO刘强东认为,传统的零售模式有很多缺乏效率的地方,过去一台惠普的笔记本电脑,先发货给神州数码,放到自己的仓库后再搬到代理商库房,代理商又跑到经销商的库房,经销商又进行搬运,一台电脑经历了五六次搬运,这都是需要人工成本的,而干活的人却没赚到什么钱。

于是,京东把中间环节全部由自己来做,即"从工厂一站做到消费者",为产业价值链的最前端和后端带来了价值。为什么?因为传统零售成本太高,没有优化成本和效率。

京东不是颠覆,而是对整个中国过去30年的零售行业做了价值链、供应链的整合。但是,垂直价值链整合需要付出代价。京东的物流有5万多名员工,人工成本占物流的70%,如果中国的人工成本以每年7%、8%、10%往上升的话,未来承担的成本压力肯定会很大。

京东为了带给消费者最佳客户体验,例如,为了保证正品、快速送达,对采购、仓库跟递送三个方面进行重资产的投资,也是该模式未来会发生反转变化的关键点。

京东的采购属于买断式,对于品牌商来讲,把商品的风险全部拿走了,实现低买高卖。但是采购的能力跟动机是最不可控的,万一采购了不符合市场需要的商品,那么公司的库存风险将是极大的。

再来看淘宝,我们称之为双边市场模式,它把自己从产业链条里面释放出来,希望上游跟下游直接对接,让A跟C直接对接有什么好处?几亿种商品开发是商家来做,卖不完库存由商家承担;商家有动机敏锐侦测消费者的需求。

严格地说，淘宝不是一个电商，是在做商家服务，免费让商家在上面接触消费者，不收分成，所以几百万商家全部跑来了。只要10%的商家，想跟别人不同，想打广告、融资、要了解消费者需要什么，这里面就有赚钱的机会。双边市场不屏蔽A跟C，降低自己承担的资产，带出一个共赢的生态圈，你不是在经营企业，而是在经营一个市场，但是需要做好对商品质量的管控。

两种模式有没有可能结合？京东现在也在做开放平台的模式，从金融服务方面，为商家提供服务。如果没有做成功开放平台，京东可能会面临很大的困难。我们过去的思维太偏向于垂直模式，对于平台模式不太了解，以下简略介绍平台思维。

1. 了解平台思维和平台商业模式

要了解平台思维和平台商业模式，就要厘清两个最基本的概念：一个是双边市场，另一个是网络外部性。

双边市场是指了解使用者A的痛点，然后找到使用者B，设计出一个平台架构，让A和B对接，促使他们彼此满足需求。那平台做什么？其一是使两者相连，降低双方交易成本；其二是设立规则，帮助淘汰不良厂商。当知道消费者有一个痛点后，不是自己投资重资产，而是借力打力，去整合资源，找到那些干得比你更专业的人，把他们连在一起，省下来的时间跟精力再去开发其他顾客。

作为平台，双边市场的两边关系都要维护好，刚开始会特别难，但一旦平台成长起来，你会感觉万马拉车，而不是车拉万马，大家都在拉着你走，省力很多。

如今，平台商业模式正在简化、重组和颠覆传统产业价值链。你发现没有，颠覆者们大都不是本行业的人，而是从外面闯进来的。正因为在外面，颠覆者会奇怪该行业里的价值分配怎会如此不合理？于是颠覆者用一种新的分成机制，动员起该行业的屌丝或被欺负的对象，然后把他们变成正规军，进而将自己变成该行业里大家愿意跟随的新领导者。

微谷营销——在线学院与传统培训的区别见下表。

序号	项目	传统培训	新模式——在线系统
1	模式	■ 90%依靠老板 ■ 而人很难复制 ■ 做大做强要靠强大的人力资源体系、培训体系、文化体系和师资体系	■ 整合优势资源，形成自动化闭环系统
2	老板	■ 亲力亲为 ■ 拓客，服务，维客，管理，开发课件等 ■ 下属员工代替不了老板，累死做不大	■ 不仅仅依靠人，把最难的事情外包并且平台化，搭建好后台通过大数据、标准化、智能化让员工"傻瓜式"赚钱
3	客户	■ 回头率低，不停地开发客户	■ 通过大数据大量吸粉 ■ 通过运营大量吸引精准粉丝 ■ 通过商业模式让已有的演员分享拓客，呈N次方增加自动化拓客，拓展客户轻松
4	行业	■ 行业小做不大不能自动化	■ 行业无穷大
5	个人	■ 身体下降，还能走多远	■ 不依靠别人，坐在家里也能赚钱

2. 通过畅销产品，转变商业模式

今天这个时代，只做产品的思维渐渐不够了，而是从做产品开始，到做服务再到做平台。有人说互联网就是要专注做产品，产品经理精神，但是我要说，如果研究历史，你会发现光做产品的思维还不够，还要在商业模式上做一些思考。

从一个极致的产品切入，如何逐渐做成一个平台？微信跟易信在产品上差距真有那么大吗？为什么微信有如此巨大的领先优势呢？因为微信已经带出一个生态圈，有了这个生态圈，易信就算再好，用户还是很难迁徙，因为朋友都不在那里。

不是说做产品不重要，而是说做完产品以后你要做什么？当你的产品已经进入千家万户后，你还要继续做产品吗？何时是你的终点？能不能通过一个很畅销的产品，把你的商业模式转变，搭建一个平台生态圈？

3. 利用互联网思维，不一定要变成互联网公司

传统企业常以为跟互联网沾边了，从线下到线上销售产品了，其转型问题就解决了。电商就一定是平台，给大家讲一个互联网企业的例子——凡客诚品。凡客诚品是国内服装业里最早一批做互联网销售的公司，今天它的状况怎样？

虽然凡客是一家互联网公司，它把服装带到线上去卖，但它的商业模式却与传统服装企业相近，遭遇的问题也一样。传统服装企业先是找高大上的设计师设计，预测消费者需求，提前大量生产，但常常因预测不准，因此导致大量库存，凡客与传统服装企业一样，最终生产材料是自己买断，库存也是自己承担，请明星促销也要花大钱，可以看到整个产业链都是重资产，除了销售搬到线上，其他和线下厂商没有太大区别。

凡客线上销售省下的成本，被不断上涨的线下费用，以及线上引流费用抵消，所以它今天困境重重。因此，如果商业模式不转变，在线下遇到的问题，线上同样会遇到。

所以说，凡客诚品虽然是一家互联网公司，在销售渠道上创新，但是它却没有把互联网思维带到其他的产业环节，如设计、生产、营销。传统企业不一定要变成互联网公司，但同样可以利用互联网思维和平台思维来改善自我，提升客户体验是中国企业带给国际社会一个新价值观，共赢、和谐，王道而非霸道。

三、流量思维

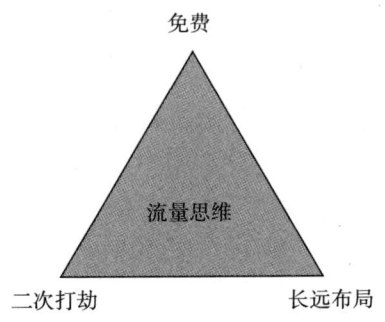

在互联网时代背景下，流量的力量有多大？

2013年7月，小米公司宣布红米手机在腾讯QQ空间独家首发。QQ空间预约页面开放的第一秒钟，领取预售码的客户即突破5万，1分钟达到30万，10分钟后该数据上升至60万，半小时内就突破100万……

这样的销售奇迹，如果不以腾讯QQ庞大的流量为基础，就是"不可能完成的任务"——当年第三季度腾讯QQ的月活跃用户数达到了8.1亿之多。在这一语境中，我们所说的流量，实质就是用户的基本规模。

从这一事件中，可以发现，"互联网+"的商业模式下，流量已成为价值衡量的重要尺度之一：用户基本规模的体量越大，媒介的引力越大，平台的价值也就越大，这是"互联网+"模式下新的"万有引力定律"。

淘宝网上每天都会上架很多"九块九包邮"商品，品类十分齐全，受到很多消费者青睐。商品如此低价，卖家怎样赚钱？原因很简单，卖家赚钱靠的是流量。商家通过上架廉价的包邮商品，短时间内就可以吸引大量的消费者访问其店铺，从而带来了很高的店铺流量。消费者在浏览这些廉价商品的同时，通常会顺便浏览一下店铺内的其他商品。许多消费者本来因为廉价商品而浏览店铺，结果会同时购买一些其他商品，"九块九包邮"商品反而沦为购物车中用来凑单的配角。

依赖巨大的流量基数，促销最终能够产生可观的转化率。商家用很少的广告费，获得了极为可观的店铺流量，还能有效带动店内其他高利润商品的销售，这种方式比在各大搜索引擎或各种网站上打广告能节省一大笔资金，何乐而不为？

作为一个现代概念，尽管"流量"是互联网时代的产物，但其内核却与传统商业模式的精神一以贯之。

有流量才有传播，有传播才有口碑。商业对"流量"本质的重视古今共识；而商业存亡与"用户基本规模"关系的具体表现则万变不离其宗。下面就是用户运营吸引新用户的方式：

1. 采用有效的活动形式

互联网时代，用户注意力非常容易分散，品牌隔不了多久就要做个活动刷存在感，否则很可能被遗忘。如何将营销的活动与产品更加无缝结合，如何通过活动来调动新老用户的积极性，如何提高活动的留存率和用户的二次传播，不同的活动其侧重点也不一样。

2. 明确活动核心目的

在做产品交互设计时，要分析产品需求背后的本质，还原需求的用户使用场景，理解需求甚至重构需求。在接到活动需求时，要明确此次活动的目的，在设计上区分信息主次和呈现层级，避免将所有信息和操作不分重点地堆积在页面上，减少用户思考；其他的指标实现了更好，即使没实现，也不要强求。

3. 让活动更优雅

（1）优雅地推广。要通过各式各样的推广位将活动呈现在用户面前，因此，活动推广位的呈现需要更多地考虑怎样以更有趣、更不令人反感、转化率更高的形式呈现出来。

（2）降低参与门槛。参与门槛低的活动，用户的参与度自然就会高。设计上，要尽量晚些让用户登录，用户一进入活动页就提示要登录，用户很可能就被吓跑了。最好在用户中奖后，提示其登录领取，通过利益诱导去提高登录转化率。

（3）给用户视觉线索。在设计上应给用户明确的视觉线索，让用户闭着眼睛也能走完对的流程。

（4）注意对新用户的激励作用。对于新用户持续回访的活动，应尽快让新用户尝到中奖的甜头。这点跟各类游戏从易到难的一级级闯关机制类似，适当控制难度，可以增强用户持续参与的信心。

（5）给用户一个分享的理由。研究表明，71%的用户不愿分享内容，要利用人性的弱点，从用户的虚荣、自我实现、身份认同等角度去分析内在动因。

（6）动效+音乐营造活动氛围。合理的动画效果和音乐能帮助营造或喜庆或温馨的活动氛围，增强活动代入感。

第十二章 产品变

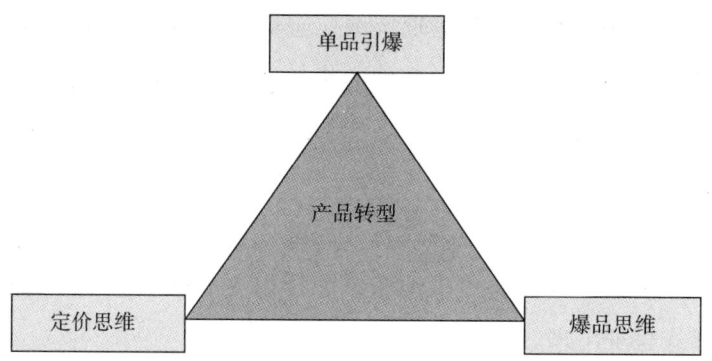

一、单品引爆

单品引爆是智能硬件创业必修课。

2015年10月24日,冰城串吧在河北廊坊喜来登酒店打造了一场"巅峰挑战美食嘉年华"的千人美食活动,用一串长194.5米长的羊肉串从日本人手中夺回了本属于国人的"世界最长烤串"的吉尼斯世界纪录,并以此作为抗战胜利70周年的献礼。当晚,关于冰城串吧"中国最长烤串破吉尼斯纪录"的话题在新浪微博总榜冲进了前三,社会榜排名第一,阅读量突破2.9亿次,评论数超过15000条,吸引了很多网友的关注。

在餐饮竞争日益激烈的当下,想要策划一场成功的品牌营销活动更是难上加难,天时、地利、人和缺一不可。冰城串吧做到了,用一根羊肉串打破的不仅是纪录,还有品牌背后的消费者共鸣与品牌所包含的情怀。

用产品征服顾客的嘴和胃。简单的一根羊肉串,背后是餐饮人对餐饮的热爱和敬畏。本次挑战世界吉尼斯纪录活动，一次烤194.5米长的肉串需要使用600余斤的羊肉，为了保证烤串的口感和品质，冰城串吧选择了内蒙古锡林郭勒的羊肉，并且在每次挑战的试验中均用羊肉做试验。由此可见冰城人对于烤串品质的追求。

用纪录证明实力的厚度。冰城串吧此次挑战"世界最长肉串"的吉尼斯官方标准十分严格：肉与肉之间不能有缝隙，肉串必须一次性烤熟，烤制完成后的羊肉串必须符合食品安全标准，并且全部被吃完。为了达到以上标准，冰城串吧对每一块肉的切割大小、形状和串肉串的手法都制定了最高标准，确保肉与肉之间无缝隙；烤签采用了304型食品级奥氏体不锈钢，每两米之间采用双重丝扣连接，使整根巨签真正浑然一体并更加的坚固；烤炉由钢板连接的一次性成型模具，整体烤炉能够确保194.5米长的巨型羊肉串在恒温的状态下，同一时间一次性完全烤熟；木炭采用了109欧姆高精炼顶级高山毛竹炭，烟少；从全国冰城串吧的餐厅挑选了108名具有10年以上烧烤经验的顶尖专业烤师，在火候、调味上全方面保证烤串的口味。

用梦想激起用户的共鸣。冰城串吧董事长在烤串之前的致辞中显得很谨慎、很克制。当烤串烤熟并经过吉尼斯纪录鉴证官确认及宣布冰城串吧挑战成功的那一刻，他在现场发表了一番充满激情的获奖感言。听到这番演讲后，现场2000名观众都激动不已。

冰城串吧这次的挑战吉尼斯纪录，让消费者有充分的参与感。而且在特殊的年份里，从日本人手中抢回了本属于中国人的吉尼斯纪录，让此次挑战显得不同凡响，直接上升到了民族情怀。在这样的大背景下，在微博上引起上亿网民的关注与互动，充分诠释了一个餐饮品牌的家国情怀，增加了品牌的美誉度。

移动互联网时代对品牌最大的价值是连接用户，用户最大的价值是传递品牌口碑，这是对品牌营销最大的启示。对于餐饮品牌同样如此，新颖的营销只是"术"，唯有牢固掌握高品质的"道"，保持与消费者的良性沟通与互动，品牌才可能走得更稳更远。无论是烤好一串羊肉串，还是引爆一款单品，唯有不忘初心，才能方得始终。

如何做爆品已成为智能硬件领域的重大命题，打造爆品有一系列法则，对于小米手环引爆市场，笔者总结了五大法则：

> 法则：
> ○ 竞品差异化
> ○ 做好产品定位
> ○ 找出产品独特性
> ○ 做产品有所为有所不为
> ○ 开放合作、借势发展

1. 竞品差异化

不管是传统产品还是互联网产品，产品竞争太激烈，在这么激烈的市场竞争格局下，如果你不是第一个做，也不是最有实力的，当然要讲差异化。这差异化不是故意去找，而是找痛点，找你还没有解决的最大痛点去解决，这就是你成功的第一条法则。

在做手环之前，全球第一、第二、第三的手环最多用一个星期就没电了。用户买一个新产品，兴奋点也就是一个星期，没电之后就扔家里，第二个星期又要充电，造成部分用户流失，这种可穿戴产品会导致用户购买3个月后不再使用，产品面临失败，更谈不上口碑。小米发现现实使用时间这个用户痛点，于是让小米手环使用一个月还有电。

用户一开始都不相信，当用户真的购买产品使用后，发现超出原有预期，续航时间不止一个月而是45天，甚至网上有人贴出使用3个月到100天的续航时间，远远超出用户预期，这个差异化的点构成小米的竞争优势。所以首先要找差异化，不是无中生有，而是有痛点的差异化。

2. 做好产品定位

一开始小米想，手环不是用户刚需。小米手环刚开卖时，很多人问有何用处，它不像用户天生知道移动电源用处，于是雷军他们就想为这种智能可穿戴品类找好定位。最终他们想到做手机配件。

小米现有资源是小米手机海量出货量,完全可以利用用户群来带动手环的销量,于是自然而然就会考虑能否像小米耳机、小米移动电源一样做成手机配件。

不是企业宣传它是配件,用户就会认为配件的合理性,向用户推荐时不一定埋单。小米想方设法加入为用户创造价值的功能,第一个是来电振动,食堂吃饭吵得一塌糊涂,手机放在包里来电听不到,这是用户普遍痛点,于是开发个来电振动。用户数据显示,苹果手机用户占一半,他们购买手环的原因是认为这是苹果最便宜的配件。

小米还想出另外一个功能,当小米手机靠近手环时,屏幕解锁是不用输密码的,直接认证解锁。雷军试用手环一个星期后,有一天把手环落在家里,他每天看手机频率是120次,来来回回输入密码,结果一整天非常抓狂,恨不得让司机回去取手环。不要认为做手机配件很低端,找好定位是成功的关键。

3. 找出产品独特性

小米手环作为小米手机的解认证工具,人体ID概念才逐渐成形,并不是一开始做小米手环就把整套战略写进去,而是一步步在做产品过程中不断思考。

梦含专做大罩杯——可丰满做丰胸内衣,赢得了市场好评。

微谷营销落地——按效果付费,得到了市场高度认同。

金采尚量子袜——一双能解决用户问题的袜子,大大促进了销售提升。

淳美、微她平台——用移动互联网解决客户采购难、采购贵、信息不对称的问题,是服饰行业的整体方案解决者。

怡兰芬——坚持做健康少女内衣12年。

植草镇——纯植物提取物做良心化妆品,得到了消费者的认同。

诱姿——平价内衣,用好材料做平价内衣。

新凤舞——青花瓷为代表的新中式家居服,开创家居服定位新篇章。

一开始差异化，然后做产品定位，再抽象概念后定位于人体 ID。小米从 ID 理念延展开来，既然能够做手机的认证工具，也可以作为其他硬件产品的钥匙，自然想到智能家居产品。手环成为钥匙的前提是把产品做到极致，把所有路子都打通。

之后，小米与蓝牙床头灯合作，用户痛点是看手机看书不小心睡着后忘记关灯。手环是离人最近的物品，超过 75% 的用户 24 小时带手环，用户睡着时手环可以判断，给床头灯发出信号，用户睡着 10 分钟后台灯自动熄灭，有效解决台灯忘关的痛点。小米与美的空调合作，用户睡着后通过手环自动调节空调风量和温度。

既然手环可以与智能硬件连接，手环也可以与软件做认证。考虑到用户平时输支付密码麻烦，小米做了银行 U 盾的定位，第一时间想到与支付宝钱包合作、用户买彩票等小额支付，只要用手机蓝牙读取手环，相当于按苹果手机的指纹一样，即可安全地完成支付。

就这样，小米手环从小米手机的认证工具，变成所有智能家居、智能硬件的认证工具，再变成大量第三方软件认证工具。

4. 做产品有所为有所不为

回归到产品研发、设计和推广，团队资源有限，做产品不可能面面俱到，面面俱到的产品很容易没有特色或品质不突出，比如你周身全是刀，但没有一把是锋利的，这是做产品的忌讳，也是做市场营销传播的忌讳。做产品只需打通一个痛点，不要面面俱到。

做手环时小米面临很多纠结，要不要屏幕，要屏幕干什么，他们分析用户需求，超过 15% 用户要用屏幕看时间，但这不是所有用户最基本的需求。小米手环没有一个按键，也与产品定位相关，他们认为它是一个戴在手上的产品，能够智能地把人体状态告诉空调和台灯，而不是把一个智能家居的遥控器绑在手上，想起来去按一下按钮。

理念、定位的不同，导致小米产品功能的选择有了有所为和有所不为的选择。最终去掉屏幕和物理按键，运用顶级材料和自主算法，让算法更精准，把智能控制变成无感控制,而不是让用户去按。

5. 开放合作、借势发展

不要想什么都自己做,只做自己最擅长的部分,与别人擅长的部分优势互补。小米手环为什么卖到 400 万的出货量还不够卖?因为百度指数不断攀升,很多小米手环合作伙伴发布新功能,用户关注后觉得超值,于是购买小米手环体验,这是众人拾柴火焰高,通过很多合作伙伴一起把这个产品捧起来。光靠一家公司,甚至只靠小米平台远远不够。

小米手环得益于它的天生关联性很多的优势,与智能家居、支付、体育关联,后期则大规模找各种合作伙伴合作,开放协议和接口,让更多第三方产品相互推广。比如,最早与 MIUI 合作,做出类似小额免密支付功能;尽管小米钱包与支付宝钱包是竞争关系,但小米秉持开放合作心态,与支付宝钱包合作,因为互联网公司不完全是竞争关系,而是你中有我,我中有你,存在大量合作机会来共同发挥优势。

同时,小米与李宁合作智能跑鞋。一开始内部出现杂音,找一家做鞋的厂商合作没有技术含量,而且把利润让给李宁,不如植入一个运动模块,几天后这个意见被团队否决。李宁是体育品类上有积累的品牌,对用户运动理解透彻,其大量签约运动员不是小米一个中型公司所具有的优势,小米完全可以让出利润,一起分享用户和数据,结果,小米与李宁合作非常成功。

二、定价思维

当一个企业开发完成一个产品,在确定名字、包装、规格后,如何给产品一个合适的价格,成为企业的一项重要工作。产品价格不仅是企业销量与利润的来源,也关系到一个产品能否生存(成功)的关键,那么如何给一个产品定一个合适的价格呢?要遵循下面七大策略:

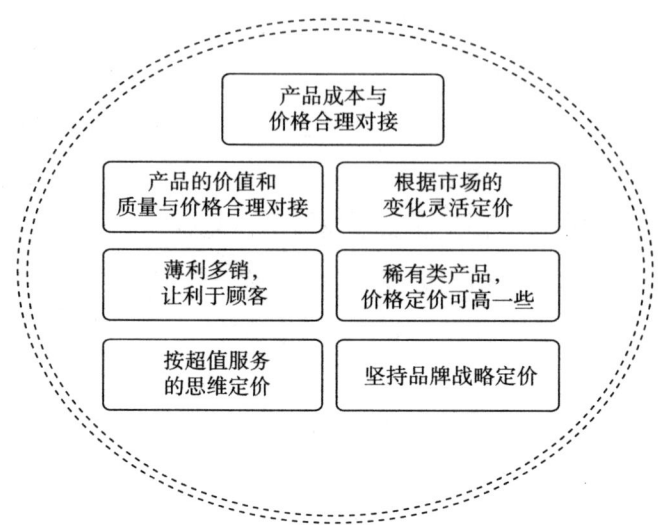

1. 产品成本与价格合理对接

成本是产品定价的重要依据之一。一般来说，价格应尽量反映成本因素，成本高，产品价格也相应高，否则利润会大受影响。但在激烈的市场竞争中，在买方市场氛围下，则不应使产品成本过分地影响定价。

例如，由于各种原因造成产品成本较高，就将产品定位在较高的价格上，这样做往往会适得其反，导致利润大缩水。道理很简单，产品定价高了，销售量会减少。所以，降低产品成本永远是经营管理者必须重视的问题。只有想办法将成本降下来，使产品的成本与价格合理对接，才能获得满意的利润。

2. 产品的价值和质量与价格合理对接

产品的价值和质量是产品定价最重要的因素。产品的价值和质量是顾客（消费者）最为关心、最为敏感，影响最广又最为实质性的方面。

所谓"物有所值"就是说，好货可以卖出好价钱。即使在买方市场的条件下，好货都应处于一个合理的价格范围内，"是金子总会发光"。要知道，客观上确实有这么一种顾客群，他们坚信，"人不识货，钱识货"。对于廉价货，他们投以怀疑的目光，而情愿购买"物有所值"的好产品，即使价格高一些也无妨。这必然会促使厂商不断提高其产品的含金量和质量，这样不仅可以使自己的产品在定价上与其价值和质量有更为理想的对接，而且可以提高企业的信誉和整体形象。

3. 根据市场的变化灵活定价

如果市场发生变化，应采取灵活的应变定价策略。例如，当市场掀起降价风潮时，你可以顺势而为，做出降价的决策，但也可以泰然处之，打顾客的心理战——不降价。当市场掀起涨价风时，你也可以不顺势而为，反而采用逆向思维——不提价。同时，争取量的增加，并能给顾客一种好的感觉："货真价实"。

4. 薄利多销，让利于顾客

这种方法被广泛采用的，个体经营者对其尤为重视，称此法为"一分钱利润法"。就是说，只要有1%的单价利润，就应感到满意，切忌"贪婪"。

事实上，此法充分体现了"价增量减，价跌量增"的道理。一分钱的利润看起来微不足道，但是价跌（价廉）会促使销量大增，从而导致总利润的大大增加。所以有人提出，企业经营管理者应树立"1%"的提价意识。就是说，采用小幅涨价的策略，因为小幅涨价具有极好的"隐蔽性"。

例如，将产品价格上浮1%，许多顾客不会在意，特别对于低价位（单位在几元以内）的产品。当你调高1%时，一般顾客不会有承受不了的感觉，而你的总利润却大大增加了。只要总利润有1%~5%就应感到满意，过分的"贪婪"会适得其反。

5. 稀有类产品，价格定价可高一些

对于某些稀缺类产品，即使成本并不太高，价值和质量也属于一般，但由于市场难觅此品，你就可以顺水推舟，将其价位高高挂起，等候需者购买。这类产品，有些顾客愿意出高价购买，所谓"需者不贵"。从中，你就可以获取高额利润。

6. 按超值服务的思维定价

把顾客视为"上帝"，无非是想赢得更多的顾客群。要做到这一点，除了你的产品的价值和质量等因素外，提供超值服务也很重要。提供超值服务的方法有多种，如送货上门、免费试吃等。由于你坚持提供超值服务，就可以将产品的价格定得稍为高一些。实际上，可认为是超值服务的附加费。

7. 坚持品牌战略定价

品牌产品是市场公认的好产品。既然是好产品，物有所值，其定价自然都比较高，这无疑会带来巨大的利润。因此，必须想办法引进品牌，借这些品牌来促销产品。

例如，甲乙两家商店都经营同一产品，定价也相同，但甲店引进了品牌产品，结果甲店非品牌产品的销售量要比乙店大得多。这是品牌产品带动促销的结果，可以说也是一种间接的品牌效应。因为你拥有品牌，顾客往往更相信你的产品，更乐意购买。

最后应指出的是，产品定价是一个动态过程，应根据不同情况采取不同的定价策略，或将若干策略综合应用。产品的价和量（销量）是一对矛盾体，在一定的条件下，通常会"价增量减，价跌量增"，而量和价对总利润的贡献又是同样的重要。

三、爆品思维

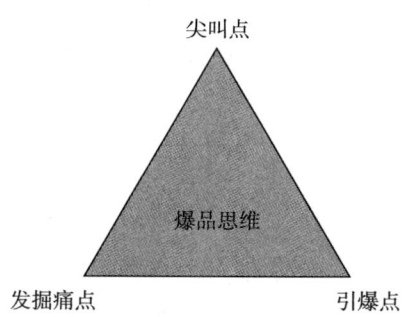

提到"爆品"，迄今为止业内并没有成文的定义。但是在化妆品行业以"爆品"之名形成呼风唤雨之势的产品并不在少数，不夸张地说，"爆品"以一己之力养活了无数朋友圈的代购。

从早些年店家从经营销售角度包装爆品，到如今厂家主动出击打造爆品，

"爆品"这两个字眼正在逐渐为业内所关注。

在2015年的广州国际美容美发化妆用品进出口博览会上，幸美股份的展馆内，员工的工作服都是标有"7小时不脱妆"字样的红蓝色POLO衫。BB霜从上市后不到三个月的时间，总订单量达165万支，共计2.6亿元的零售价。

爆品作为引爆市场的神器，在生命力的延续问题上往往成了企业思考的重要支点。在延续爆品生命力的问题上，企业除了进一步精进技术改良配方，还要推出与爆品有关的系列产品。

在爆品的背后，企业都在争相打有准备的仗，改进技术和开发配套产品，成为大多数企业的选择。后爆品时代，或多或少地留存了爆品的痕迹，汲取成功经验，对企业的后续发展有着极其重要的指导意义。

一个好的、优质的产品，会在销售中帮助企业获得十倍、百倍的营销效果——高销量、高人气的产品往往供不应求，甚至都不需要你进行主动推广，它就能给你带来数倍的收入与融资额，这就是爆品的力量。

知道了爆品的好处后，很多企业都萌生了要做爆品的想法和计划。而事实上，爆品并不是那么容易打造的，其中需要学习和知道的东西还有很多，企业不光要花更多的时间和精力，还要寻找出爆品打造背后的规律和方法。

1. 打造爆品是一种聚焦思维模式

做爆品，要有对经营理念的深刻领悟，要站在消费者的角度上，以用户思维，完成对消费者的需求揣测和理解，从而做出产品规划、品牌定位，以极致思维做出满足消费者需求的产品、提供极致享受的服务体验，并以创新思维对产品进行更新迭代，在业务运营上充分发挥流量思维。另外，做爆品还需要对商业模式、组织形态进行规划，从平台的角度上说也是一种思维。

思维模式在打造爆品的过程中全线贯穿，从某种意义上来说，做爆品是一种思维模式，是各个思维的交会与结合，我们不妨将之称为"爆品思维"。

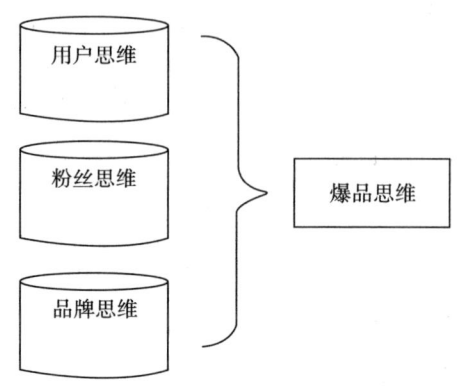

（1）用户思维。对于企业来说，在做爆品时不能单从自己的需求出发，而是一定要从消费者的需求出发，认真研究消费者的心理，找出其痛点所在，这样才能专注于实际，有针对性地去解决他们的需求，并精益求精打造出能够让消费者尖叫的产品和服务。这样的用户思维，会让爆品在满足消费者需求的同时，得到广泛的认可和信赖。

（2）品牌思维。做爆品为了什么？为了树立品牌，品牌树立起来了，就能够被消费大众所熟悉、所喜爱，就能够形成良好的口碑，就能够在消费者心中占有一席之地，成为人人追求的生活必需品。

快速发展的三只松鼠，其成功的秘密就是爆品战略：在早期找准定位即只用碧根果这个单品直击袋装坚果市场，顺利引爆市场；在营销过程中，其模式也是极具特色的，比如让客服模仿松鼠与消费者对话，甚至还有三只松鼠卖萌手册的存在，最主要的是三只松鼠以独特的视角借助"双十一"的平台，引爆消费市场，成功树立起自己的品牌。

（3）粉丝思维。有了爆品，当然离不开粉丝的分享与追随，也正是因为有了粉丝的存在，才能将产品在社会化营销中成功引爆。传统方式的产品营销，一般都是花上大价钱请明星代言、大面积播放广告等，慢慢聚集粉丝，但效果不一定看得见。

如今的营销则会先累积早期的铁杆粉丝群，在保证产品的高品质前提下，通过与粉丝互动分享，提高粉丝的忠诚度，这些忠诚粉丝会在瞬间进行传播裂变，甚至达到对爆品的集体围观状态，这也就是所谓的社会化传播。爆品在最初阶段不应该以销量定输赢，而是应该以它的粉丝群论英雄，即粉丝思维。

2. 打造爆品是一种互联网时代的经营解决方案

爆品一定会卖得很好，但并不是所有卖得好的产品都是爆品。打造爆品需要创造出全新的产品给消费者极致的用户体验，需要进行战略部署。单单从销量上来衡量，是不能定义一个产品是爆还是不爆，从更深层的意义上来说，打造爆品更是一种解决方案，需要做好规划分步实施，误打误撞出来的高销量产品绝不可能称之为爆品。

做爆品首先要找到消费者的痛点所在，然后根据消费者的痛点有针对性地制定解决方案，最后变"痛点"为"尖叫点"，成功解决消费者的问题，并为企业带来更美好的销售前景。

小米手机在解决用户痛点问题上就做得很好，小米首先让用户参与产品的研发，通过论坛找来1000个小米用户，并从中选出100个铁杆用户，雷军亲自出马与这100个铁杆用户吃饭聊天，让这100个铁杆用户参与到挖掘用户痛点的计划方案中来，慢慢发展到百万用户参与产品改进。

在打造爆品的方案中，最基本、最核心的一个板块就是解决产品问题。全力以赴做极致产品，所谓的极致并不是说一定要把产品做到最好、最贵、技术最先进，而是做到简单好用，把用户重视的指标做到最好。做好产品的模式需要能够创造出新的价值，把这款产品打造成高性价比的极致爆品。这样的爆品会在一定程度上优化企业的用户体验环节，提高工作效率，并在销售中远超过竞争对手，成为同行业中最火爆的话题，形成社会化传播浪潮，带来海量的用户需求。

爆品是基础，找到传播的爆点是关键，如今的互联网营销越来越普遍化，每个人都有自己的互联网生活，那么做爆品当然要找最火爆的平台进行传播，淘宝、天猫、京东，都是企业爆品营销的最佳平台。爆点的制作一定要体现它的深刻性、人文性，最好能够触动大众的内心情感。好的平台搭配好的爆点，才会在信息爆炸时代，引起消费大众的关注。

> **案例：**
>
> 可丰满——一款做丰胸的内衣，它的爆点设计：
>
> 采用高于市面50倍纯度的达到99%纯度的锗，通过199道工序，每小时1200次按摩共振，3万分钟的工时，刺激1亿胸细胞。从而达到美胸丰胸的效果。
>
> 它的广告语：可丰满，越穿越大！
>
> 通过试验，一些顾客表示该产品穿在身上1~3个月，确实有一定的丰胸效果。上市3个月，货品供不应求。

第十三章　营销变

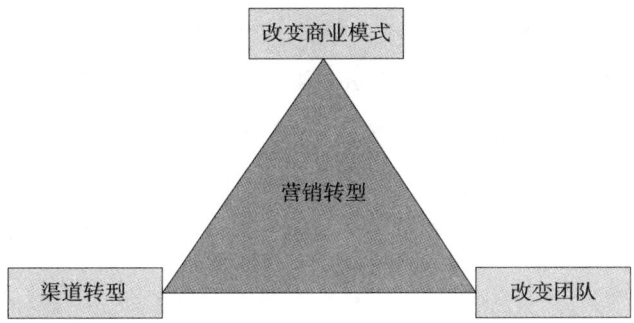

一、改变商业模式

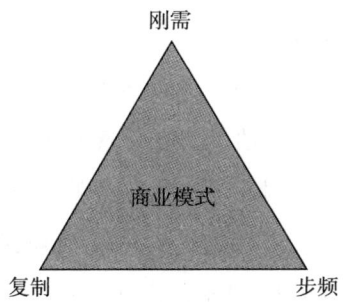

商业模式创新是当今企业获得核心竞争力的关键。沃尔玛、亚马逊、Zara、Netflix、Ryanair 航空和 ARM 等企业都是因为它们独特并具有竞争力的商业模式而异军突起，在各自竞争激烈的行业成为领袖。在过去 10 年成功跻身于财富 500 强的 27 家企业中，有 11 家都是通过商业模式创新而取得成功的。

20 世纪 50 年代中期，静电复印术面世。这种技术复印出来的复印件是干的,既干净又整洁,复印速度也非常快,每天复印量可达数千张,远远高于当时主流的复印机。可是,与主流复印机300美元的售价相比,采用静电复印术的机器制造成本是2000美元。

当时,复印机厂家盛行的做法是采用"剃须刀—刀片"模式:为了吸引更多的客户购买,对复印机设备用成本加上一个适当的利润卖出;而对配件和耗材则是单独收费,并且通常会在其成本之上加很高的溢价,以获取高额利润。显然,由于设备的成本过高,静电复印术很难照搬这种商业模式。

在经受各种质疑之后,施乐Xerox最终采取了一种新的商业模式,并于1959年推向市场:消费者每个月只需支付95美元,就能租到一台复印机;如果每月复印的张数不超过2000张,则不需要再支付任何其他费用;超过2000张,每张再支付4美分。如果客户希望中止租约,只需提前15天通知公司即可。

结果,取得了绝佳的效果:由于复印质量很高,使用方便,用户的办公室一旦安装了这种复印机,每天就要复印2000张,这意味着从月租的第二天起,绝大多数的复印机每多复印一张,就可以带来额外收入。此后十几年,施乐公司收入增长率一直保持在41%,其股权回报率也一直长期稳定在20%左右。到了1972年,原本一家资本规模仅有3000万美元的小公司,已经变成了年收入高达25亿美元的商业巨头。

施乐复印机的商业模式满足的顾客需求没有变,但在满足需求的方式上发生了变化,最终不管从交易价值上,还是交易成本上都发生了彻底的变革,其商业模式的价值无疑更大。因此,其商业成就更加辉煌也就不奇怪了。

未来企业的竞争,将是商业模式的竞争;商业模式的竞争是企业最高形态的竞争。什么是商业模式?所谓商业模式就是,企业通过什么方式或什么途径来赚钱。为了实现客户价值最大化,企业完全可以将运行的内外各要素整合起来,形成一个完整的、高效率的、具有独特核心竞争力的运行系统,并通过最优实现形式满足客户需求,实现客户价值。

商业模式创新就是对企业的基本经营方式进行变革。一般来说,有四种方法:改变收入模式、改变企业模式、改变产业模式和改变技术模式。

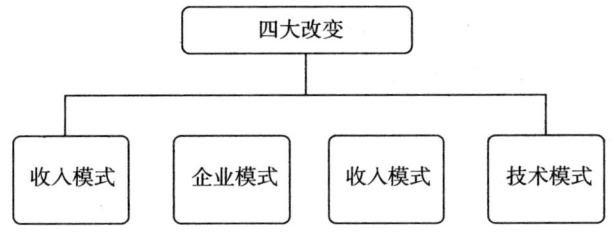

1. 改变产业模式

改变产业模式是最激进的一种商业模式创新，它要求一个企业重新定义本产业，进入或创造一个新产业。如 IBM 推动智能星球计划和云计算、商业运营外包服务和综合商业变革服务等。

亚马逊正在进行的商业模式创新向产业链后方延伸，为各类商业用户提供如物流和信息技术管理的商务运作支持服务，并向他们开放自身的 20 个全球货物配发中心，并大力进入云计算领域，成为提供相关平台、软件和服务的领袖。

2. 改变企业模式

改变企业模式就是改变一个企业在产业链的位置和充当的角色，也就是说，改变其价值定义中"造"和"买"的搭配，一部分由自身创造，其他由合作者提供。一般来说，企业的这种变化是通过垂直整合策略或出售及外包来实现。

谷歌在意识到大众对信息的获得已从桌面平台向移动平台转移，自身仅作为桌面平台搜索引擎会逐渐丧失竞争力，就实施垂直整合，大手笔收购摩托罗拉手机和安卓移动平台操作系统，进入移动平台领域，从而改变了自己在产业链中的位置及商业模式由软件转向硬件。

IBM 也是如此。

在 20 世纪 90 年代初期，IBM 意识到个人电脑产业无利可寻，即出售此业务，并进入 IT 服务和咨询业，同时扩展它的软件部门，一举改变了它在产业链中的位置和它原有的商业模式，由硬件转向软件。

3. 改变收入模式

改变收入模式就是改变企业的用户价值定义和相应的利润方程或收入模

型，需要企业从确定用户的新需求入手。

这并非是市场营销范畴中的寻找用户新需求，而是从更宏观的层面重新定义用户需求，即深刻理解用户购买产品需要完成的任务或要实现的目标是什么。其实，用户要完成一项任务需要的不仅是产品，而是一个解决方案。一旦确认了此解决方案，也就确定了新的用户价值定义，并可依次进行商业模式创新。

国际知名电钻企业喜利得公司就从此角度找到用户新需求，并重新确认用户价值定义。喜利得一直以向建筑行业提供各类高端工业电钻著称，但近年来，全球激烈竞争使电钻成为低利润产品。于是，喜利得通过专注于用户需要完成的工作，意识到用户真正需要的不是电钻，而是在正确的时间和地点获得处于最佳状态的电钻。然而，用户缺乏对大量复杂电钻的综合管理能力，经常造成工期延误。因此，喜利得随即改换它的用户价值定义，不再出售而是出租电钻，并向用户提供电钻的库存、维修和保养等综合管理服务。为提供此用户价值定义，喜利得公司变革其商业模式，从硬件制造商变为服务提供商，并把制造向第三方转移，同时改变盈利模式。戴尔、沃尔玛、道康宁、Zara、Netflix 和 Ryanair 等都是如此而进行商业模式创新的。

4. 改变技术模式

正如产品创新往往是商业模式创新的最主要驱动力，技术变革也是如此。企业可以通过引进激进型技术来主导自身的商业模式创新，如当年众多企业利用互联网进行商业模式创新一样。

当今，最具潜力的技术是云计算，它能提供诸多崭新的用户价值，从而提供企业进行商业模式创新的契机。另一项重大的技术革新是 3D 打印技术。如果一旦成熟并能商业化，它将帮助诸多企业进行深度商业模式创新。如汽车企业可用此技术替代传统生产线来打印零件，甚至可采用戴尔的直销模式，让用户在网上订货，并在靠近用户的场所将所需汽车打印出来。

当然，无论采取何种方式，商业模式创新需要企业对自身的经营方式、用户需求、产业特征及宏观技术环境具有深刻的理解和洞察力。这才是成功进行商业模式创新的前提条件，同时也是最困难之处。

二、改变团队

在这个"快鱼吃慢鱼"的时代，仍有不少创业者在单打独斗，或仅是雇佣几个人来建立团队。而我们要做的是打造一支最强团队。在这支团队中，每个成员都能为团队目标主动、积极地贡献自己的力量。强大的团队，必须要有强大的执行力，最关键的是要有能够去执行的人，要激活团队中的每个人，把每个人的能力激发出来。

一天，锁对钥匙埋怨道："我每天辛苦为主人看门，而主人喜欢的却是你，每天只把你带在身边。"而钥匙也很不满："你每天待在家里，舒舒服服的，多安逸啊！我才辛苦呢，每天都要跟着主人，日晒雨淋的！"

钥匙也想过安逸的生活，就把自己偷偷藏了起来。主人回家时，看不到钥匙，非常生气，砸了锁，把锁扔进了垃圾堆里。主人进屋后，看到了那把钥匙，气愤地说："锁也砸了，留着你也没用了。"说完，把钥匙也扔进了垃圾堆。

在垃圾堆里相遇的锁和钥匙："我们之所以会落得如此可悲的下场，都是因为我们不懂相互配合，而是相互妒忌和猜疑啊！"

力是相互的，人与人之间的关系也是，扯皮、争斗，只能是两败俱伤，唯有互相配合，团队合作，方能共同繁荣。一个团队必备的五个基本要素：信任、换位、沟通、快乐、慎重。

稻盛和夫认为，人分为三种：第一种是点火就着的"可燃型"的人；第二种是点火也烧不起来的"不燃型"的人；第三种是自己就能熊熊燃烧的"自燃型"的人。最强团队对于第二种人是坚决放弃的。根据以往的经验，笔者觉得，人是无法改变的，只有合适的人才是最宝贵的资源。

建立最强团队，必须要求团队成员具备三个基本素养，具体内容见下表。

素养	说明
积极的人生态度	拥有积极的人生态度，才会不惧困难，积极解决问题；才会全身心地投入工作；才会将周围的世界变得更美好
开拓性思维	拥有基础的开放性、创造性思维能力，则会用不同的方法来调整自己的思维，并改变自己的感受
满满的求知欲	求知欲是指对未知进行无限探索的欲望

只有愿意付出非同寻常的"不亚于任何人的努力"的人，才能加入最强团队。

一个最强团队应该拥有以下能力：

1. 学习能力

一个最强团队，一定是拥有超强学习能力的团队。通过学习，可以重新认识世界，重新认识自己与世界的关联；通过学习，可以拓展出创新能力，紧跟这个不断变迁的时代步伐。只有学习才能持续开发、创造未来。越是学习，就越能深切地感受到自己的无知。因此，一个团队要想保持"卓越"，只有永远处在学习的过程中。

我国经济、政治等正处于急剧变化中，对当前的人来讲，最大的挑战之一其实是对未来的预测，而不是对经验的传承。学习不仅是学知识，更需要学会分析环境的变化。

学习的过程不仅是被动地接受知识，而是让知识进入自己的头脑。求知不是消极地接受，而是真实主动地进入知识领域，拥抱知识，掌握知识。思维必须行动起来，主动出击，获取未知的领域，丰富个人的内涵，让自己从无到有。

学会提问是学习能力的典型体现，学习的最佳结果就是找寻到自己想要的答案。

世事纷扰，在纷扰后迅速进入心静状态，才能进入最佳学习状态。内心平静不是无欲无求，而是兼具宁静与活力，知道自己前行的方向。追求内心平静，方能专注于目标，始终记住自己的目标，方能勇往前行。

2. 不断创新

当年全球手机销量龙头企业诺基亚、摩托罗拉在短期内迅速陨落,为什么会陨落?根源在于未能抓住市场机遇进行创新。

优秀团队通过创新如发掘客户需求来实现增长,用增长去面对变化,最重要的就是团队对增长做的努力。优秀的团队是革自己的命,通过不断地革自己的命,实现自我转型。

创新就是提出创造性解决方案,体现的是知识的融合。

创新是为了保证核心竞争力,需要不断创新,让自己处在不断竞争的地位并保持竞争优势。创新不是天翻地覆的变化,只要是团队以往没有的行为,我们都认为是创新。勇于尝试自己所没有做过的事,也是一种创新。企业需要针对客户需求和市场环境而作出变革。

3. 建立信任

团队成员需要建立信任,信任才是开展合作的前提。

在工作和生活中,信任是必需品。团队成员之间必须建立融洽的关系,通过相互间的接触,寻找彼此间的亲密关系点。团队成员之间信任的建立,一定要用值得信赖的方式去培育。建立信任,则要加强沟通,沟通的目的在于让成员之间互相了解。

建立信任机制,首先要做的是,尽快明确成员在团队中能做什么事情、需要什么信息和资源、会遇到什么障碍、希望达成什么结果,然后,了解其他成员在这些方面的想法,同时让所有成员之间清楚彼此的做法和想法,让彼此能够在一个协同的框架下,进行合作。

要让团队成员相信梦和目标,要相信团队,相信每个成员的力量。企业业务庞杂、工作量巨大,成员之间必须建立绝对的信任,信任既是对人品的信任,也是对互相之间工作能力的信任。

4. 共同愿景

共同愿景是使命、是价值观、是目标。团队领导有愿景还不够,应该让它变成整个团队的共同愿景。有了共同愿景,团队成员都会力行卓越,用心学习，积极上进。

领导力根源上是执行力，执行力不是靠制度，而是靠人的自我管理。如果团队成员只关注自己的个人目标，则容易对其行为的结果缺乏责任感。最强团队一定要让成员的个人目标与团队的目标相一致。

团队领导必须不断告知团队成员共同目标，在不断告知目标的过程中，让团队每天在不知不觉中都付出无尽的努力。共同愿景是促使个人和团队进步的最大动力。

如今的"90后"已不再视工作为谋生的手段，而是将工作视为实现自我的途径，需要以此激发他们为团队贡献自我的能量。只有让团队成员全部知晓团队目标，才会有内在动机，内在动机的根本在于激励自我、实现目标、获得成功。

最强团队能够维持真正学习的状态，能够实现超越自己的突破，能够为了适应变化而主动打破现有的平衡。不管出现什么样的突发事件，也不管环境如何改变，最强团队可以让自己凌驾于变化之上，处于主动的位置。

5. 自我超越

自我超越，实际上是自我突破，拥有自我超越能力的人，能够始终如一地为实现他们内心深处最关心的成果而努力。他们对自己的终身学习过程能全身心地投入。自我超越的人能够做好时间管理，能够主动利用"八小时"之外的有效时间进行自我管理，更会有效地选择与放弃。有自我超越的成员，才会有自我超越的团队。

6. 拥抱变化

变化，实际就是不确定性。因不确定性是常态，团队需要学会识别不确定性，学会与不确定性共处。

变化是无法阻挡的，只有打开自我才能真正理解这些变化，才能包容、接纳与之同步。团队必须视变化为机遇，而不是威胁。这需要团队对变化保持敏锐性，并能够适时做出反应。

很多时候，无法妥善应对变化是导致企业走向危机的根本原因。通常人们总是希望处在"舒适区",总是习惯于在"舒适区"中做出选择,甚至在遭遇到环境变化的挑战时,依然存有侥幸的心理,期待固守原有的优势能够抵御变化带来的冲击。也有一些人,采取躲避变化的方式,不愿意直面变化而主动改变自己。

团队成员需要持敏锐谦虚的态度,对变化的、革新的事物保持敏感,并由此激发兴趣与工作热情,不应过于保守和自信,更不应认为所有的东西一个人都能掌握。

变化不一定是急速的,但一定要学会观察缓慢、渐进的过程,注意那些细微的以及戏剧性的变化。一个优秀的团队,一定拥有极强的危机意识,能够对环境变化保持敏感度,基于此,每一次变化反而是一次机会。能够把握住机会的团队,也就能创造非常好的业绩。

决定未来的是对变化把握的能力,只要能够调整自己紧跟变化的步伐,把自己做好,所有的变化对我们来讲其实都是机会。

三、渠道转型

渠道转型是与市场的变化和客户需求的变化密不可分的。但不论选择何种转型策略,有两大原则是渠道转型必须把握的:一个是转型要以客户为中心,着眼于更好地满足客户的需求,提高客户满意度和忠诚度;另一个是转型要着眼于自身管理水平和业务技能的提升,练好内功,增强企业的实力和市场竞争力。

这些年互联网浪潮给各行各业带来颠覆式创新。很多人认为,O2O的兴起对传统企业来说,意味着渠道分销模式依旧有自己的生命力,但必须结合互联网再创新。

其实,无论是互联网渠道还是其他渠道,它只是一个销售运营通路,只是借助这种方式让传统业务模式焕发生机。无论外部环境如何变化,渠道的本质始终不变,渠道就是厂商将商品卖向终端客户的通道和桥梁。每家公司都有自己不同的渠道模式，而互联网又带来了新的多渠道模式。但无论哪种方式，只要借助于渠道，就必须依靠其销售、关系及服务便捷能力。

每个老板都有一个平台梦，拥有一个自有平台有效管控供应链，支持渠道伙伴，打赢一场营销战，已经迫在眉睫。

企业营销渠道转型的方式概括起来主要有如下六种：

（转型）
◇传统个体为主的批发——仓库模式
◇单一渠道模式——复合型渠道模式
◇长渠道模式——短渠道模式
◇直接渠道模式——间接渠道模式
◇代理模式——交易模式
◇助销模式——助营模式

1. 由传统个体为主的批发向仓库模式转型

目前，我国的批发、零售企业基本上是以个体为主，随着我国进入世界贸易组织以及国外巨型连锁企业的进入，将迫使我国以个体为主的传统批发、零售渠道向以连锁为主的现代批发、零售渠道转型。

2. 由单一渠道模式向复合型渠道模式转型

企业的发展壮大离不开多元化战略，多元化战略将导致企业产品的多元化，不同种类的产品要求不同的营销渠道，这必然导致企业原有渠道模式的转型。

3. 由长渠道模式向短渠道模式转型

随着竞争的加剧，渠道环节必然会减少，企业销售不得不从长渠道销售模式改为短渠道销售模式。

4. 由直接渠道模式向间接渠道模式转型

在企业的初创阶段，品牌知名度不高，实力不强，为了打开市场，企业集中自身资源在某一区域市场进行直接营销。随着企业的壮大、市场的拓展，依靠自身资源无法满足市场，此时就要借助经销商的网络，更好地覆盖市场，减少管理幅度，提高效率。

5. 由代理模式向交易模式转型

代理模式是产销双方达成合作关系，产品进销实行事后结账，交货时不发生所有权转移的一种渠道合作模式。交易模式则是产销双方达成合作关系，但产品进销实行交货结账，要发生产品所有权转移的一种渠道合作模式。随着现代物流巨头的形成，许多大型零售商为了控制进货成本增强竞争力，都采用买断经营模式，这就导致了企业由过去的代理模式开始向交易模式转化。

6. 由助销模式向助营模式转型

助销是指企业派出人员参与各地经销商的具体销售活动；助营则是指企业帮助经销商制定整体的营销计划，培训营销人员，协助、指导营销实施，对经销商进行智力上的支持。

助营模式是通过提高中间商的营销能力来实现产品销售业绩提升的一种造血机制；而助销模式是生产商直接参与经销商的销售活动，帮助其促销，是一种输血机制。

第十四章　移动互联网下如何创业

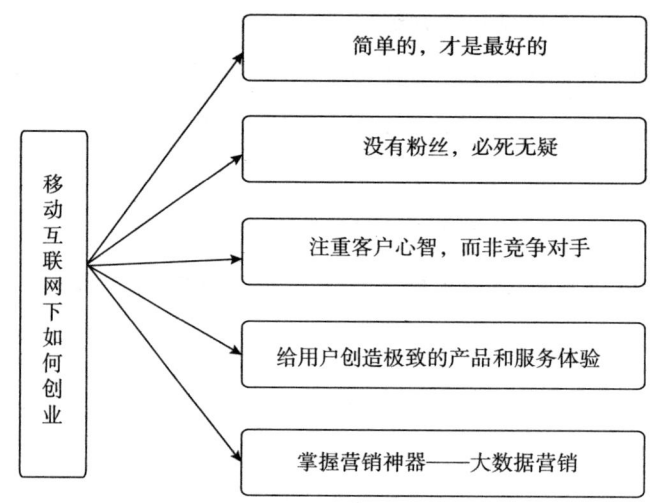

一、简单的，才是最好的

　　世界上最好的成功法则是什么？下面的故事可以告诉你：

　　一位著名的推销大师，即将告别他的推销生涯，应行业协会和社会各界的邀请，在该城市中最大的体育馆，做告别职业生涯的演说。

　　那天，会场座无虚席，人们在热切地、焦急地等待着那位当代最伟大的推销员做精彩的演讲。大幕徐徐拉开，舞台的正中央吊着一个巨大的铁球。为了这个铁球，台上搭起了高大的铁架。

　　这时候，推销大师在人们热烈的掌声中走了出来。他站在铁架的一边，穿着一件红色的运动服，脚下是一双白色胶鞋。人们惊奇地望着他，不知道他要做出什么举动。

这时两位工作人员抬着一个大铁锤，放在推销大师面前。主持人对观众讲："请两位身体强壮的人到台上来。"虽然大家不知道要做什么，但依然有很年轻人站起来，转眼间两名动作快的跑到了台上。

推销大师告诉他们游戏规则：用大铁锤敲打那个吊着的铁球，直到把它荡起来。一个年轻人抢着拿起铁锤，拉开架势，抡起大锤，全力地向那吊着的铁球砸去，一声震耳的响声，吊球动也没动。接着用大铁锤接二连三地砸向吊球，很快他就气喘吁吁。另一个人也不示弱，接过大铁锤把吊球砸得叮当响，可是铁球仍旧一动不动。台下逐渐没了呐喊声，观众好像认定那是没用的，就等着推销大师做出解释。

会场恢复了平静，推销大师从上衣口袋里掏出一个小铁锤，认真地面对着那个巨大的铁球敲打起来。他用小锤对着铁球"咚"地敲一下，然后停顿一下，再一次用小锤"咚"地敲一下。人们奇怪地看着，"咚"地敲一下，然后停顿一下，持续地做。

10 分钟过去了，20 分钟过去了，会场早已开始骚动，有的人干脆叫骂起来，人们用各种声音和动作发泄着他们的不满。推销大师仍然敲一小锤停一下地工作着，他好像根本没有听见人们在喊叫什么。人们开始愤然离去，会场上出现了大片大片的空缺。留下来的人好像也喊累了，会场渐渐地安静下来。

在推销大师敲打了 40 分钟后，坐在前面的一个妇女突然尖叫一声："球动了。"刹那间会场鸦雀无声，人们聚精会神地看着那个铁球。那球以很小的幅度动了起来，不仔细看很难察觉。

推销大师仍旧一小锤一小锤地敲着，吊球在一锤一锤的敲打中越荡越高，它拉动着那个铁架子"哐哐"作响，巨大威力强烈地震撼着在场的每一个人，场上终于爆发出一阵阵热烈的掌声。

推销大师转过身来，慢慢地把那把小锤揣进兜里。他开口讲话了，但只说了一句话："在成功的道路上，你如果没有耐心去等待成功的到来，你只好用一生的耐心去面对失败。"

很多的人以为成功很难，成功要付出太多、成功会很痛苦，就不去想和追求。其实，只要注意观察，就会吃惊地发现，简单的事情只要坚持就能做到最好。有些事情看起来似乎很简单，但只要坚持做下去，也会取得不错的成绩。

说起张小龙，也许没有多少人知道，可是如果说起他的产品，你一定知道甚至用过。远至十多年前的 Foxmail，近到几年前的腾讯邮箱，再到现在火热流行的微信，这都是他的产品。

早在十年前，张小龙就是中国顶尖的程序员，一个人写代码写出了 Foxmail 前三个版本，Foxmail 推出后受到了用户的极大欢迎，以至于张小龙不得不让朋友把 Foxmail 翻译成十多种语言的版本。现在十年过去了，Foxmail 依然有上百万的用户。

后来 Foxmail 被腾讯收购后，张小龙又开始为腾讯开发邮箱。三年后，他推出了腾讯邮箱的新产品 QQmail。QQmail 非常简洁而且很人性化，被腾讯内部称为"七星级产品"，一经推出就受到了广大网友的追捧。

在腾讯功成名就后，张小龙并没有沉迷于过去的成绩，而是开始研发新的产品——微信。经过一段时间的开发后，微信的第一个版本出来了，刚一推出就受到了网民的热烈追捧。当时，可以随处看见有人拿着手机在摇，这就是微信的主要功能之一——摇一摇。其实，说起微信的成功，并不是微信提供了多么复杂的功能，相反微信提供的功能都简单到了极致。而这也是张小龙一直所坚持的一个理念：简单的才是最好的。

几年前，张小龙带领自己所在的团队开发出了 QQmail 的第一个版本。可是 QQmail 第一个版本的推出并不成功，相反却是一片质疑声。因为 QQmail 的第一个版本无论是功能还是程序方面都很复杂，导致用户大量流失。

面对同事的质疑，看着用户的流失，张小龙认识到 QQmail 的开发遇到了方向性的错误。为此，张小龙请了一个月的假，到北京散心。当时，正好遇到 iPhone4 手机在北京热销。iPhone4 手机的简洁设计给了张小龙灵感，让他认识到并不是越复杂越好，相反只有简单好用的产品才会真正受到用户的欢迎。

张小龙回到广州，删去了QQmail的大部分功能，同时对代码也进行了精简，很快就推出了一个简洁版的QQmail。让张小龙没有想到的是，简洁版的QQmail不但受到了同事的欢迎，也受到了用户的喜爱。因为简洁版的QQmail让用户很快就学会了如何发邮件，而不是像以前那样需要看半天的说明书。

QQmail的成功让张小龙认识到，只有简单的才是最好的。于是，张小龙在开发微信时，也把这个理念用到了其中。微信的第一个产品开发出来后就很简单，只有摇一摇等简单的几项功能，可就是这几项简单的功能却让微信一下子火爆起来，并很快超过了其他同类产品。

简单的才是最好的，因为只有简单才会把用户放在第一位，也许这才是微信火爆的原因。互联网中说得最多的就是"简单思维"，无论是什么产业，要想在互联网中站稳脚跟，简单思维很重要。

对于用户来说，操作简单，性价比高的音响，很少会有人抗拒。互联网用户是精明的，简单不代表简陋，性价比高更不是低价劣质；相反，简单并不代表将就，性价比高却物超所值，给用户创造需要，才是互联网中用户思维的体现。

互联网时代，简单才是最大的进步。如今，向苹果学习甚至仿苹果的产品不在少数，在音响界有一款产品，像苹果的产品一样简单却又精致，无论是外观、操作界面，还是硬件和软件，从来不将就。

电蟒科技曾在广州发布了首款电蟒云音响，在DRA音源格式和DPS音频编解码技术双管齐下的情况下，在保证音响音效的同时，用自主研发的闭环生态云音乐库解决了以往音响需要外接音源的弊端，自带的安卓4.3系统也使触屏控制音响和搜索选择音乐轻而易举，移动终端变成纯操控配件，也使音乐与手机的联系得以共存。

这一切，并不是来自外国大品牌音响，全部是中国自主研发，谁又能说这不是国内音响界重要的一次创新？

二、没有粉丝，必死无疑

社交电商时代，品牌最重要的资产是什么？是粉丝的口水和眼球。得粉丝者得天下，一个品牌的成功离不开与粉丝持久的情感维系，企业最重要的工作不仅是经营产品，还有经营人——粉丝。

在互联网思维风起云涌的时代，中部大观地产与点点客强强联合，开展了活动。

第一阶段：微投票

线上活动第一阶段，使用微投票作为这个活动切入点，前后总共有近2000人参加。用户只要参与全城竞猜，就有机会参与《揭秘巨星震撼全城》新闻发布会。

第二阶段（5月18~25日）：爱贴贴

爱贴贴，号召好友帮忙，为活动贴标签拿礼品，结果，活动参与人数为2万；中部大观平板支撑社会化媒体扩散传播总次数为12万；公众号"爱贴贴"关键词触发八千余次。每个标签都是对品牌的一次传播，同时也加强了平板支撑这项运动和中部大观品牌的联系。

第三阶段（5月27日至6月3日）：全民挖宝

转发全民挖宝游戏界面到微信朋友圈、微信群，邀请好友协助自己挖开宝箱。参与粉丝达到近万人，访客数55324人，浏览量接近15万人。庞大的粉丝参与量提高了品牌曝光量和传播度。

从5月4日开始，放置于中部大观旗下苏荷中心写字楼一楼大厅的点点客微信打印机，每天都能吸引上百名粉丝参与到"关注账号——打印照片"当中，平均每天的互动量都在百人以上。

炫酷的点点客海报加上动感的音乐，充分展现了"雅痞男神"吴秀波的个人魅力和平板支撑这项活动的吸引力，号召全民参与平板支撑这项运动，粉丝纷纷向公众号发布各种平板支撑照片，也一度引起朋友圈刷屏狂潮。活动期间共推出 5 期海报，总浏览量超过 50 万。

活动当天共有千余位参赛选手现场比拼，吸引了 40 多家知名媒体现场报道，这与活动前期中部大观地产总裁室的重视、精心谋划及点点客等兄弟公司线上线下的宣传推广不无关系。

我们处在一个飞速社群化的社会，未来独立存在的媒体产业链可能会被逐渐消融掉。人们应该用生态的方式面对早已生态化的市场环境，而未来的品牌没有粉丝迟早会被淘汰。

有人的地方就有江湖，有粉丝的地方就有营销。下面是快速"吸粉"的七大办法。

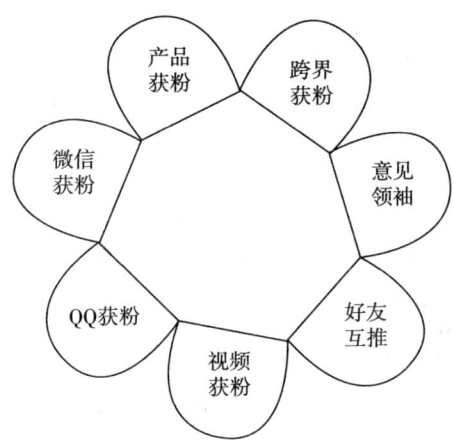

1. 利用 QQ 获得粉丝

就用户的数量来讲，微信有可能已经超越了 QQ；但是就覆盖的范围来看，QQ 依旧是第一的，它的用户上至老人，下到小学生。这种全面性获得粉丝的方法对小微企业来讲十分重要。

小微企业如果想利用 QQ 来"吸粉"，首先要装饰 QQ 空间，先给用户留下一个好印象，这样用户才会关注你的产品。例如，蘑菇街把 QQ 空间装饰得十分漂亮，粉丝数量已经累积到了 2000 多万，这一数量是那些名人微博所不能及的。为什么会如此？因为 QQ 已经存在了十几年，积累了大量的人脉。

有了外部形象，QQ空间还要注重内涵，要编辑几篇有价值的软文。同时，空间相册也不可忽略，要上传一些跟产品有关的照片，因为许多人的习惯是登录空间后先看照片。此外，要通过企业认证，因为QQ会优先推荐通过认证的空间。事实证明，大多数用户都会关注排名靠前的QQ空间。

2. 利用微信获得粉丝

微信和QQ相比最大的优势就是挖掘粉丝的潜力巨大，如今使用它的人越来越多，在打造个人微信账号时就要和打造QQ空间时一样用心。

人们都说题好文一半，微信的名字一定要和产品或企业文化有所关联。例如，一位从事健身行业的老板，微信的名字叫"谁是你的安琪儿"，头像是国际知名模特米兰达·可儿，这样的组合必然会吸引用户的眼球。

用户关注你以后，你必须有很好的内文，才会增强用户与你的黏性。在这方面，用户的需求是第一位的，第二位是文字一定要优美。例如，肥胖已经成为因材施困扰许多人的难题。

除了利用微信的朋友圈，还要多挖掘"摇一摇""附近的人""漂流瓶"等功能。例如，奇瑞汽车利用"漂流瓶"举行抽奖活动，获得了大量的粉丝。

3. 利用视频获得粉丝

网络视频的性质和电视广告一样，只是传播的平台变成了受众面更广的互联网。切记，要在视频中加入自己的微信号、QQ号等。

4. 通过产品获得粉丝

如今，人们非常重视教育，一些辅导机构的宣传员，会拿着带有机构信息的产品进行免费发送。可是这样的宣传办法有一个最大的弊端，就是用户的信息大多掌握在宣传人员的手里。

现在微信推出了二维码，这对企业来说是最大的喜讯。企业可以把精心设计的二维码印在产品上，就可以通过微信了解用户的信息，从而在里面找到属于自己的粉丝。例如，肯德基推出"扫二维码优惠2元"的活动，不仅促进了产品的销售，也为自己赢得了许多粉丝。

5. 跨界合作获得粉丝

跨界合作是目前企业经常用到的营销方式，目的就是完成粉丝的叠加和扩散。例如，小米科技和腾讯强强联合，腾讯得到了小米的众多粉丝，小米在腾讯的微信平台中找到了许多目标客户。这种彼此扩大数据库，又合作共赢的办法，值得企业借鉴。

6. 寻找意见领袖

想要打造品牌，获得粉丝，必须找到意见领袖，这和以往企业用明星做广告一样。切记：这个意见领袖必须兼具说服力和影响力。以前有一个广告叫"百年润发"，形象代言人是著名影星周润发。"发哥"那帅气的头型和业内极佳的口碑，很快就为这款产品带来了很多粉丝。

7. 好友互推"吸粉"

所谓互推，就是互相推荐。每个QQ、微信后都有很多好友，如果能用方法把它们连通起来，彼此的粉丝将完成裂变式的增长。

三、注重客户心智，而非竞争对手

海尔总裁张瑞敏经常说："什么是核心竞争力？技术、人才都构不成核心竞争力，只有拥有消费者才拥有核心竞争力。"而当一个品牌占有消费者心智的某种"心智资源"时，我们才可以说这个品牌拥有了消费者。商场如战场，攻心为上，得人心者得天下。

品牌的作用就是当消费者产生相关需求时，他会首先想到某个品牌。因此，做品牌不是跟别人竞争，而是跟消费者脑海中的认知竞争。现实是绝大多数品牌却未能在顾客心智中形成一个清晰的概念，即使有一定知名度，也不过是一个替补对象，勉强靠着努力和低价维持着日子。做好定位，就是占据消费者心智的一种重要方式。

虽然每个汽车品牌都可以宣传自己"安全"，但是人们一提到"安全"

的汽车就想到沃尔沃，认为就安全性能来说无车能出其右。包括梅赛德斯—奔驰和通用汽车在内的许多其他汽车公司，也曾试着开展以安全为主题的市场营销活动。但是，除了沃尔沃之外，没有一家公司能够让"安全"这个概念进入潜在用户心智中。

只有沃尔沃在核心用户选择、产品设计、创新、营销、服务等各个方面围绕"安全"形成战略。因此，"安全"一直属于沃尔沃。"安全"就是沃尔沃所拥有的字眼，只要你抓住了消费者心智中的这个字眼，就没有人可以偷走，哪怕你事实上并不那么"安全"。

现实是本田做了很多市场营销活动来强调他们的安全性；丰田也有很多广告都是针对"安全"的；尼桑宣称是五星级最安全的汽车，大量的安全测试结果也证明它的安全性最好。如果仅就技术参数来说，虽然沃尔沃很注重安全技术的研发，而价格超过120万的宝马7系列安全性能无疑是非常高的，并且沃尔沃采用的所有安全技术宝马会在很短的时间内跟进。因此，宝马与沃尔沃在安全性上的差距其实是十分有限的。此外，福特也一样做过类似的工作，甚至福特还被评为美国最安全的汽车。

心智营销是目前一种终极营销模式，是一种高价值、大作用的全新营销活动。谁能掌握和锁定消费者心智，谁就能打通客源链接点，谁就能在客源市场制高点上垄断客源，形成独家生意。

从某种意义上说，心智营销是营销学、市场学中的巅峰营销行为，是一种极具感染力、浸透力、杀伤力的营销"利器"，其巨大作用必定推进新一轮产品销售的热潮和加速市场格局的变化。

1. 抓住用户心智

发展到今天，营销的路径已大大拓宽，营销的形式由表及里，心智营销必然成为一种新的营销模式和手段，并取代原先的营销模式和手段，这也是取悦消费者、攻占市场的必然选择。

要想抓住消费者心智，就需要掌握三个基本方法，具体内容见下表。

方法	说明
找到产品与消费者之间心智的诉求点	产品是死物,如何将其激活,让消费者信任它、购买它,就要借助文化的力量,找到人文气息相通点,找到产品与消费者之间心智的诉求点。每个消费者阶层都有自己传承的文化基因和精神层面的诉求点,关键是否能找到并妥贴地表达出来。例如,联邦快递将"隔天送达"作为经营理念的诉求点,深深打动追求高效率顾客的心智,因此赢得大部分快递市场
触动消费者心智的敏感点、兴奋点	每个人的心智都有一定规律,对一些企业营销活动或产品可能感兴趣,也可能无动于衷。要让消费者对感兴趣的产品有欲罢不能、非买不可的感觉,并想方设法延长其兴奋的时限,形成多次购买或口碑效应;对不感兴趣的营销活动和产品,要设法让其有兴趣,积极提升敏感度、兴奋度。在营销推广活动中,要充分了解广大消费者的心智特性,以心换心,形成心灵共振,为产品赢得好感,为提高销售率打下"群众"基础
借势张扬产品的闪光点、亮点	要挖掘产品的闪光点、亮点并借势张扬,形成"聚焦效应"。产品的闪光点、亮点到底是什么?有的企业以产品的性价比作为闪光点、亮点抛给广大消费者;有的以产品的品质、品牌作为闪光点、亮点去迎合广大消费者;有的以产品的高科技含量或悠久的历史作为闪光点、亮点来满足消费者心智上求新或怀旧的喜好

2. 获得用户心智认同

基于用户心智,竞争和策略是定位的关键因素。因此,获得消费者心智的认同是定位的核心内容,是品牌成功塑造的保障。在获得消费者心智认同过程中需要遵循以下四个原则:

(1)必须深度洞悉、熟知用户的已有观念,以心智为基础利用潜伏在消费者心智中一种不可摇撼的思想、观点、理念来策划品牌。

(2)与消费者的心智相匹配是获得消费者心智认同、有效定位的关键。认知是有选择性的,观念也是有选择性的,人的心智很难容下新的、不同的东西。除非它们和心智中已有的东西产生关联。这也解释了企业有了全新产品之后,告诉顾客该产品不是什么往往比告诉他们该产品是什么更有效果。因为在传播过程中可以避开新品类的解释和宣传,达到事半功倍的效果。如不用马拉的马车(福特汽车)无内胎轮胎(防爆轮胎)等。

（3）获得消费者心智认同需要战略上的支持，需要向消费者展示信任依据。战略开始实施，企业就要围绕差异化概念进行战略配称与整合传播。例如，沃尔沃围绕"安全"定位进行战略配称——车型像坦克、安全气囊、防侧翼碰撞安全装置、车体的一次成型、方向盘上的免提电话、开发安全电子系统等。所有的一切活动都围绕安全定位展开。

（4）获得消费者心智认同，需要消除后顾之忧。品牌是一种承诺，消费者对品牌信任指数的高低决定了打造品牌效率的高低与效果好坏。所以品牌需要能够消除消费者的所有顾虑，我们之所以选择品牌其实就是选择一种保障。这也是消费者为什么选择品牌的理由。

从某种程度上看，获得消费者心智认同可以建立这样一种等式关系：即"有效定位＝获得消费者心智认同＝与消费者心智相匹配"。当相关信息与消费者的认知或感知不相匹配时，消费者将会产生消极思想，产生抵抗情绪或行为。

四、给用户创造极致的产品和服务体验

当今时代变化快速，企业应该具备一种保持追求极致的精神，将其融入到自己的工作和产品中。

有这样一个小故事：

瑞士被誉为"钟表之国"，在20世纪初，瑞士已经是世界钟表行业的龙头了。可是，在20世纪六七十年代，瑞士钟表受到来自日本的巨大压力：一方面日本钟表的价格便宜，质量不错，而瑞士表价格昂贵，因为瑞士的人工成本非常高；另一方面日本的电子计时技术开始在全球盛行，冲击机械表市场。

当时有人建议：瑞士人工成本高，可以把生产外包给日本。但瑞士并没有这样做，因为瑞士有几百年的钟表制作经验和优秀的工匠，瑞士的表匠能够做得比日本更精密，能把复杂的零件做得更极致。因此，如今瑞士依旧是世界钟表业的龙头。

极致就是把产品和服务做到最好,超越用户的预期。只有把用户体验做到极致,才能真正赢得消费者,赢得人心。

互联网时代,是一个信息过剩的时代,是一个消费者主权的时代。互联网打破了信息在时间和空间层面的不对称,使得用户的转移成本非常之低,只有好的体验,才能真正黏住用户,从这个意义来说,互联网时代的竞争,只有第一,没有第二。

无论传统行业还是互联网行业,能否为用户提供极致的体验,都是至关重要的。要么不做,要做就做到最好。超出客户的预期,才能起到极致的效果。

传统企业应该向互联网企业学习什么?最应该学习的是,对于自己的核心用户群时刻保持巨大的吸引力,并且尽可能提高这些核心用户的活跃度以及转换率。甚至更进一步,像小米一样,把这些用户打造成自己的粉丝,让用户获得真正的极致体验。

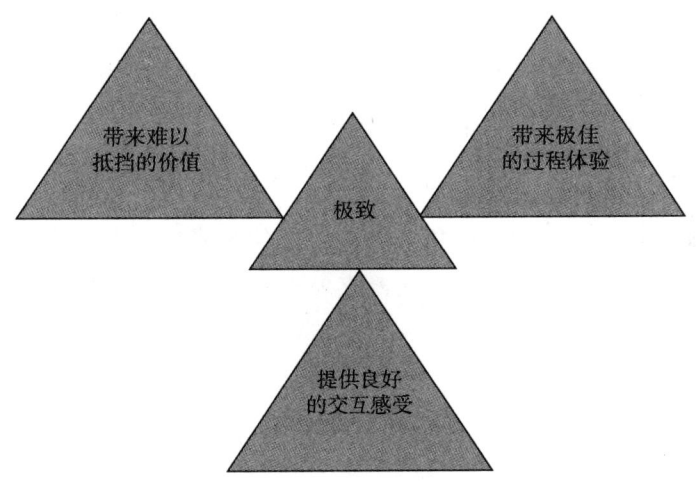

1. 为用户带来难以抵挡的价值

这种价值也许来源于对用户非常贴心的专业服务。

2008年初,摇篮网推出了婴幼儿能力发展测评和个性化指导的科学育儿系统,以及一个叫天才妈妈培训班服务。前者,通过多达100多万人次的测评,使摇篮网获得了大量的一手用户信息,涵盖婴幼儿的方方面面。这些信息有助于摇篮网吸引更多的广告客户，因为他的广告客户可以更加精准地进行广告投放。"天才妈妈培训班"则是通过互动，在给妈妈们进行育儿教育的传递过程中，把一些广告主的产品知识巧妙地融入进去。

2. 为用户带来极佳的过程体验

不要为了商业利益，而短视地伤害用户。

《摩尔庄园》是一款非常成功的社群化产品，但《摩尔庄园》始终要警惕不能在商业化的道路上走得更远，因为《摩尔庄园》首要的使命是要保证孩子在虚假世界中有一个安全、洁净的环境。

《摩尔庄园》和普通社交网站最大的区别是，这里限制沟通，禁止输入数字，同时还会避开其他的一些负面因素。包括孩子的在线时间也会被严格限制，避免孩子的过度依赖。家长都希望孩子使用的游戏是一款绿色的、安全的产品，过多的商业化引入会破坏目标客户群对于该平台的忠诚。

因此，如果想在竞争中胜出，一个底线性的策略是要时刻保持对自己服务的警惕和小心翼翼，避免用户流失，实现用户真正的、长久的忠诚。

3. 为核心用户提供良好的交互感受

女性购物分享社区"美丽说"，曾经与海豚浏览器合作，推出了一款女性浏览器，在这个浏览器上可以帮助女性用户分享购物经验、搭配秘籍、当红好店等诸多信息。这款定制的浏览器有助于客户获得更多的时尚信息，而且在交互上更加优越、便捷。

这个浏览器有很多细节的设置，可以优化女性用户体验，比如，这款界面粉色的主题和美丽说的界面相匹配。除此之外，海豚浏览器为美丽说网站预置了默认手势——用户只需在屏幕上画一个心形，即可跳转到美丽说网站。

在浏览器专用的问区、阅读首页和默认书签栏中，美丽说都占据着中心位置。使用"海豚阅读"功能，用户可以像浏览时尚类杂志那样浏览包括美丽说在内的各种网站。这能让网页的海量信息和时尚杂志的体验结合在一起，符合女性用户的浏览体验。

用户的消费行为是端到端的整体过程，要为用户提供一体化的、完整的交互体验过程。对于电商网站来说，类似美丽说这样的垂直平台的最大价值就在于，能够导入一些非常高质量的流量。

五、掌握营销神器——大数据营销

随着企业开始利用大数据，我们每天都会看到大数据新的奇妙的应用，帮助人们真正从中获益。大数据的应用已广泛深入我国的方方面面，涵盖医疗、交通、金融、教育、体育、零售等各行各业。大数据势不可当。这里分享三个真实案例：

案例1：

在一家超市里，人们发现了一个有趣的现象：尿布与啤酒这两种风马牛不相及的商品居然摆在一起。但这一奇怪的举措居然使尿布和啤酒的销量大幅增加了。这可不是一个笑话，而是一直被商家所津津乐道的发生在美国沃尔玛连锁超市的真实案例。原来，美国的妇女通常在家照顾孩子，所以她们经常会嘱咐丈夫在下班回家的路上为孩子买尿布，而丈夫在买尿布的同时又会顺手购买自己爱喝的啤酒。这个发现让商家决定将啤酒与尿布摆放在一起，结果带来了两者销售量的剧增。

案例2：

在淘宝，有数据显示，每一天上网高峰期主要集中在中午12点之后和晚上的12点之前。研究人员发现，出现这种"怪现象"的原因是现在的年轻人普遍存在睡觉前上网的习惯，于是有些淘宝商家就利用消费者这种"强迫症"在晚上12点进行促销秒杀活动，从而带动销量的倍增。

案例3：

按照惯例，我们普通市民想要乘坐公共巴士，就必须到指定的巴士站被动地等待，有时候遇到路上塞车，导致等车时间非常长，而现在通过数据信息化手段可以直接进行客源组织，为处于相同区域、相同出行时间、具有相同出行需求的人群量身定做公共交通服务，并享受"一人一座"的定制服务，着实为出行者提供了不少便利。

这三个小故事就是对历史数据进行挖掘的结果，反映的是数据层面的规律，它通过从大量的数据系统中提取、整合有价值的数据，从而实现从数据到知识、从信息到知识、从知识到利润的转化。

对于企业来说，大数据有时候就像是一个侦探家，能够拨开重重迷雾，找到问题的本质以及解决方案，而关键在于，你是否真的懂得如何去驾驭它，让它为你服务。

在当前的互联网领域，大数据的应用已十分广泛，尤其以企业为主，企业已成为大数据应用的主体。大数据真能改变企业的运作方式吗？答案是肯定的。

1. 数据服务于精准营销

让数据产生价值，不是大数据 One-link.cn 自身能够解决的。首先，要把数据组织成数据资源体系，再对数据进行层次、类别等方面的划分；其次，要把数据和数据的相关性标注出来，这种相关性是反映客观现象的核心。在此基础上，通过分析数据资源和相关部门的业务对接程度，以此发挥数据资源体系在管理、决策、监测及评价等方面的作用，从而产生大数据的价值，真正实现了从数据到知识的转变，为领导决策提供服务依据。

数据，已经渗透到当今每一个行业和业务智能领域，成为重要的生产因素。数据库的组织结构以网状为主，复杂多变，程序和数据之间你中有我，我中有你，彼此产生强烈的依赖性。用通俗的话来说，就是数据库和程序之间连在一起，彼此交缠。我们对于这种数据规律的挖掘和运用，实质上也是为了精准营销而做的铺垫。

2. 用数据来为你说话

从企业层面来讲，中国的很多企业，尤其是传统企业，都面临着产能过剩的弊端，大部分企业在不清楚消费者需求的精准性情况下生产过剩。而通过大数据，企业可以把上游和下游商品、末端个体消费者，以及整个链条里面的内容，甚至国民经济社会环境中其他的数据关联起来，而这种关联能给企业带来什么东西呢？企业到底是为谁服务？

有个企业负责人跟我说，它已经对客户进行细分了，按年龄、性别、需要等划分客户类型共 15 类，他说我们是针对这 15 类进行不同的定位和服务。可是，领先的企业已经把这些分类做得很完善了，有些甚至能做到个性化营销和定位。因此，企业想要做得出色必须加强对客户的认知，为客户找到价值，从而带动销量。

在产能过剩的年代，需要供需对接，利用大数据，进行恰到好处的匹配，预见性的生产已经完全可能实现。

附 录

一、转型思维框架图

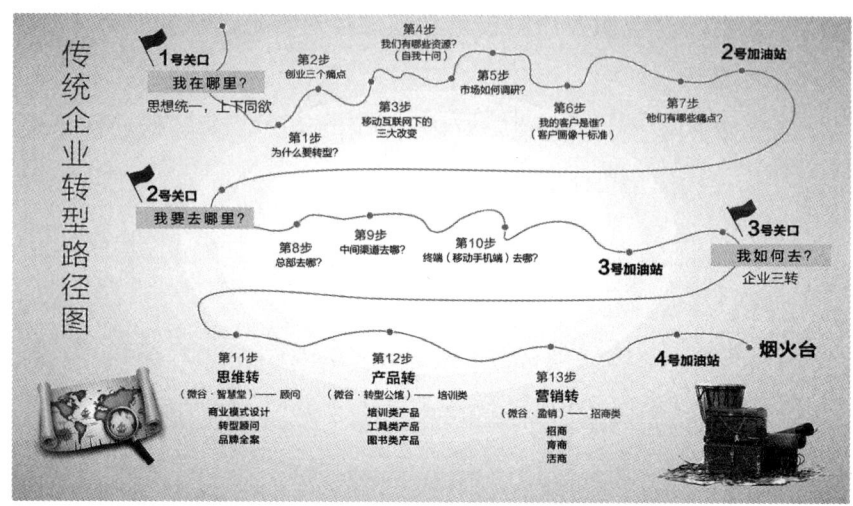

二、转型爆品战略图

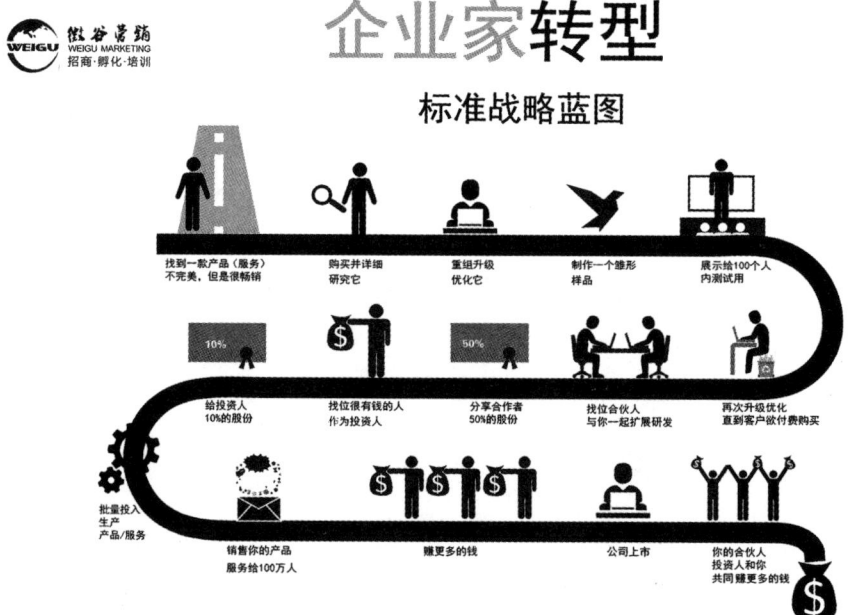

三、书本中符号汇总

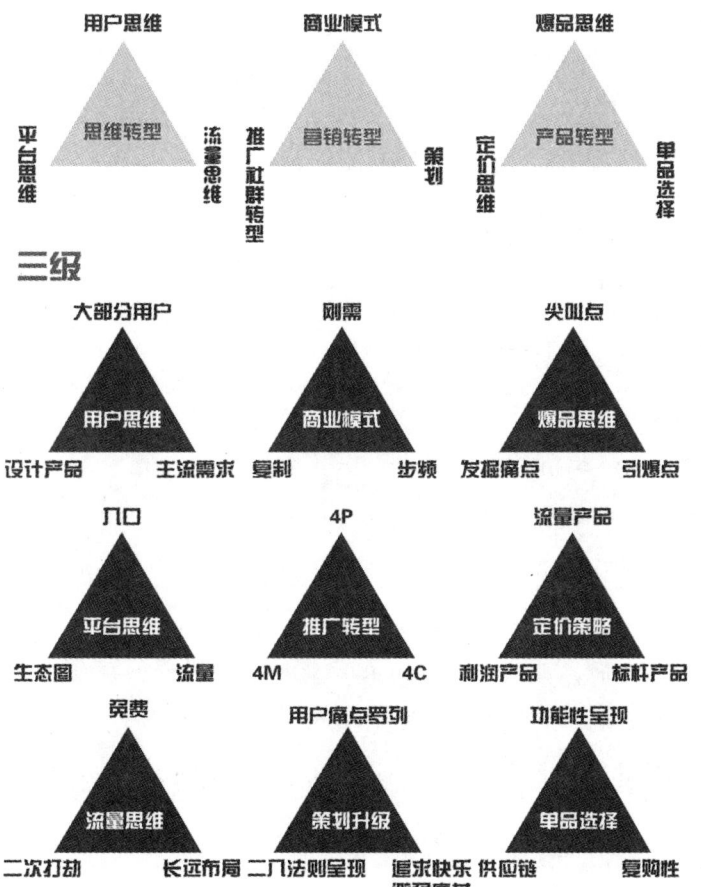

四、书本中重要观点和作者语录汇总

重要观点：

☆ 企业最大的危机，不是目前的利润多寡，而是对未来趋势的清晰把握，移动互联网时代，不转型只能等着被淘汰。

☆ 需求旺盛时，要不断增加生产能力，满足需求的增长；需求不足，要不断缩小规模，避免产能过剩，尽可能减少损失。

☆ 不同的文化水平，购买行为也不同，会表现出不同的情趣和审美标准。

☆ 在企业发展过程中，找用户痛点是做产品的关键环节，也是领导者的必修课。

☆ 资金是企业经营活动顺利进行的重要保障之一，从一定意义上来说，企业的运转就是资金的不停流动。

☆ 将市场分析透彻，就能找到突围的市场空隙，对企业发展大有裨益。

☆ 客户的职业，影响着客户的消费结构和购买商品的习惯，职业特征会直接影响人们对商品的偏爱与嗜好。

☆ 找到痛点，付出努力，成功也就成了自然。

☆ 未来的竞争，不是产品的竞争，更不是渠道的竞争，而是资源整合的竞争，是终端消费者的竞争。只有拥有用户，才能获得利益，才能在激烈的市场竞争中立于不败之地。

☆ 顾客的年龄对其购买行为有着显著影响，不同年龄层的顾客生活经历不同、兴趣爱好不同，对商品的要求和选择也会呈现出差异。

☆ 任何一种商业模式，只有在产业链上有明确的角色分工，才能让价值最大化，否则也只是一个阶段性产物。

☆ 跨界混合型的体验馆模式，或将成为未来实体零售行业的发展趋势。

作者语录：

☆ 在传统企业家的肩上，扛着过去的脑袋（生了锈的，非常严重）。活在当下，引领未"生锈"的人，经营未来，结果未来也是"锈迹斑斑"的。正可谓是：拿着旧地图，找不到新大陆！

☆ 不转型升级，必死！转型，找死！究竟转不转？答案是：转！

☆ 进入新行业，要理性分析该市场大不大？有没有潜力？

☆ 对于企业，招不到人不是一级痛点，如果企业没有资金，明天倒掉了，资金就是一级痛点！痛点的本质，是用户最痛的点，要找到这样的痛点。

☆ 以用户为中心，只做感动人心的产品。

☆ 互联网的本质是链接！

☆ 为了提高企业的创新能力，就要创新人才机制，改善工作环境，优化人才结构，提高团队素质。

☆ 让平者让，让庸者下，让能者上；以品德定去留，以能力定岗位，以绩效定薪酬。

☆ 管理就是通过别人完成你想完成的事。

☆ 利用九格图进行层层分析，能挖出解决问题的系统和具体策略。

☆ 什么是转型的根本？从产品角度来讲：一切以用户为核心的微创新，在1毫米的地方做到10万米深，把单品做到12亿元以上。它是检测企业是否利用互联网转型成功的唯一标准。

☆ 高品质、高性价比是一种信仰。要么不做，要做就做到极致。

☆ 实实在在地解决消费者的痛点，把体验做到极致，可以解决很多零售商转型的难题。

五、移动电商（微商）运营系统规划表

微谷营销策划："纯真日记"运营计划（模板）

会议启动日期：　　　月　　　日前　　　总负责人：　　　协助：　　　助理：

工作项目	完成日期	责任人	协助人	跟进进度	具体要求
一、公司注册					
1. 新股东确认	6月20日				
2. 股东合同	6月20日				
3. 营业执照更改注册股东	6月30日				
4. 物业合同签订	6月20日				已申请，等批文
5. 网线转移	6月20日				
6. 纯真日记400热线电话使用	6月10日				更改电话彩铃
7. 新设计的Logo重新申请备案	6月10日				
8. 转让商标的手续	6月10日				
9. 纯真日记品牌卫字批文（检测报告）	6月18日				
10. 重新梳理公司法律风险 　　——合同审批（员工劳动合同、供应链合同、代理合同、采购合同等） 　　——商标注册风险及外包装规范 　　——国家质检文件及手续是否齐全 　　——宿舍安全情况 　　——推广传播安全、侵权安全 　　——加粉丝的设备及是否违反法规 　　——公司机密文件及大数据库建设是否安全 　　——员工人身财产安全评估及措施 　　——财务风险，税务风险 　　——平台的返利风险及预防	6月12日				

续表

工作项目	完成日期	责任人	协助人	跟进进度	具体要求
11. 公司申请防伪标签的使用规范	6月12日				
12. 生产厂家地址及供应商地址、身份证备案等	6月12日				登记供应商资料等
二、品牌文化					
1. 品牌定位	6月10日				
2. 公司介绍	6月10日				
3. 产品介绍	6月10日				
4. 商业模式介绍	6月10日				
5. 品牌VI、纯真日记品牌Logo设计，品牌广告语	6月10日				
6. 产品图片设计	6月10日				正在进行
7. 公司装修效果图	6月5日				正在进行
8. 公司硬装修	6月12日				
9. 公司软装修及墙面布置	6月12日				
10. 工作服确认（男女）	6月8日				
11. 公益工作服确认（通用）	6月8日				
12. 家具购买	6月6日				
三、培训事宜					
1. 产品	6月7日				
2. 模式	6月7日				
3. 如何找客户	6月7日				
4. 如何发朋友圈	6月7日				
5. 如何成交	6月7日				
四、产品事宜					
1. 产品文案、PPT、视频	6月12日				
2. 供应商寻找	6月28日				20家以上、主要协谈价格、资质、生产管理能力、信誉背景、合作模式等

续表

工作项目	完成日期	责任人	协助人	跟进进度	具体要求
3. 包装、标签等重新下单生产等	6月22日				
4. 向厂家订货	12月2号				
5. 仓库电脑安装、打印机安装、网线安装	6月15日				
6. 物流公司确认	6月15日				
五、机制和制度、流程建立					
1. 商业模式确定及文字说明	6月20日				
2. 对内员工的分配方案、考核方案					
3. 财务制度					
4. 物流制度					
5. 宿舍管理制度					
6. 平台管理制度及流程					
7. 报销及借支管理制度					
8. 培训流程					
9. 对外通知模板					
六、品牌推广					
1. 手机注册,理论值	6月15日				没有月租的卡
2. 客服转化工具	6月15日				
3. 客服标准化语言包（同下）	6月15日				
4. 客服标准化链接包 （1）关于公司介绍 （2）关于制度问答 （3）关于模式介绍 （4）关于产品功能介绍 （5）关于加盟方式介绍 （6）关于领导人介绍 （7）关于企业文化介绍 （8）关于生产规模和供应链介绍 （9）关于趋势介绍 （10）关于物流介绍 （11）关于售后服务介绍 （12）关于慈善工程介绍	6月15日				

续表

工作项目	完成日期	责任人	协助人	跟进进度	具体要求
5. 图片系统 　（1）关于公司介绍 　（2）关于制度问答 　（3）关于模式介绍 　（4）关于产品功能介绍 　（5）关于加盟方式介绍 　（6）关于领导人介绍 　（7）关于企业文化介绍 　（8）关于生产规模和供应链介绍 　（9）关于趋势介绍 　（10）关于物流介绍 　（11）关于售后服务介绍 　（12）关于慈善工程介绍	6月15日				
6. 宣传视频 　——《历史、制作工艺》 　——《产品功能视频》 　——《慈善与爱的公益视频》 　——《纯女之恋》——微电影 　——12月	6月15日				
7.《动画视频》 　——关于模式 　——关于历史 　——关于工艺 　——关于公司 　——关于产品 　——关于功效 　——关于公益 　——关于爱情 　——关于责任与文化 　——关于创始人与团队	6月 20日前				
8. 微博系统（注册100个微博）	7月5日				
9. 视频网站传播（10大视频网），1万个视频传播源，推广100万次	7月5日				

续表

工作项目	完成日期	责任人	协助人	跟进进度	具体要求
10. 云推广系统，3600 个网站推广	7 月 5 日				
11. 关于卫生巾话题，100 个	7 月 5 日				
12. 关于文库推广系统	7 月 5 日				
13. 产品说明文案	6 月 5 日				
14. 关于卫生巾功效	6 月 10 日				
七、公众号运营与维护系统					
1. 服务号运营	6 月 10 日				
图片设计及上传，店铺装修	6 月 10 日				
微商城及平台的功能使用说明	6 月 10 日				
公众号内容设置	6 月 10 日				
公众号自动化回复语言设计	6 月 10 日				
公众号粉丝分类	6 月 10 日				
公众号成交流程设计	6 月 10 日				
2. 订阅号	6 月 10 日				
链接发放，一天 5 条	6 月 10 日				
内容规划	6 月 10 日				
八、财务体系					
1. 核算体系	6 月 20 日				
2. 报表完善 《利润报表》 《库存报表》 《销售分析报表》 《返利报表》 《资产负债表》 《固定资产表》 《粉丝转化表》	6 月 21 日				
3. 财务规范 《股东的财务制度》 《薪酬管理制度》 《报销制度》 《采购制度》 《借支制度》 《仓库管理制度》 《支付管理制度》	6 月 20 日				

续表

工作项目	完成日期	责任人	协助人	跟进进度	具体要求
4. 其他体系完善	6月21日				
九、企业信息系统					
1. OA移动办公系统	6月25日				
2. 在线培训管理软件	6月25日				
3. 信息共享沟通	6月25日				
4. 进销存管理系统	6月25日				
5. 社群管理系统	6月25日				
6. 云创客系统	6月25日				
7. 云数据系统	6月25日				
8. 数据测算系统	6月25日				
9. 自动系统（微信自动化、采集自动化、视频上传自动化等）	6月25日				
10. 在线直播系统	6月25日				
十、培训机制					
1. 老师梳理 　潜能开发 　分配制度 　产品知识 　企业文化 　如何引流 　如何一键下载群二维码 　如何找到精准粉丝 　如何找到大数据 　如何炒作 　　——个人品牌打造 　　——朋友圈营销 　　——如何进行群管理 　　——如何成交 　　——微信卖货也疯狂	6月12日				
2. 群培训	6月12日				
视频培训	6月12日				
音频培训	6月12日				

续表

工作项目	完成日期	责任人	协助人	跟进进度	具体要求
文字+图片+语音培训	6月12日				
3. 内部员工培训	6月12日				
商业模式、企业文化、产品知识、流程及制度、公司及领导人、平台操作、加粉知识、提成制度、销售转化等	6月12日				
十一、招商					
1. 联合创始人招商10个	6月22日				
2. CEO招商100个	7月4日				
3. 开招商会，7月20日前，500人左右。回款目标1500万元	7月18日				
4. 平台人脉成交。2016年，6~12月加粉丝，目标粉丝1100万。转化0.5%，5万粉丝，平均1000元/人，5000万元销售额	12月20日				
十二、行政人事					
1. 招1个会计；1个仓库管理；1个总经理助理；1个平面；1个公众号维护；1~2个推广（动画视频、微博推广、论坛推广等）	6月12日				
2. 工资制度、合同签订	6月12日				
3. 宿舍管理	6月12日				
4. 内训管理	6月12日				
5. 合同管理	6月12日				
6. 仓库管理	6月12日				

引流目标

类别	序号	核心内容	负责人
百度霸屏	1	SEO 关键词排名	
	2	百度百科	
	3	百度知道	
QQ 霸屏	1	群营销	
	2	空间营销	
	3	邮件营销	
微信霸屏	1	5000 个微信号	
	2	10 万个群	
淘宝霸屏	1	1000 个淘宝店	
	2	1000 个京东店	
	3	1000 个一号店	
微博霸屏	1	500 个微博	
	2	新浪、腾讯、网易等	
陌陌霸屏	1	200 个陌陌	
	2	每周 2 次微信培训大会	
视频霸屏	1	我乐网	
	2	土豆网	
	3	优酷网	
	4	互联星空	
	5	偶偶网	
	6	酷溜网	
	7	PPS	
	8	我秀网	
	9	UUME	
	10	百度视频	

六、新移动电商（微商）六脉神剑

大类	小类
一、顶层设计——顾问 （品牌走向何方）	（一）品——产品战略
	（二）牌——微商营销
	（三）势——（传播源设计及呈现）
二、商业模式	（四）裂——建立机制
三、招商销售系统	（五）招——招商引爆
	（六）育——培育微商
	（七）活——搞活微商
四、操盘手运营系统	（八）人——团队激励
	（九）服——服务客户
	（十）管——如何建立领导百万大军的管理系统
	（十一）控——风险防控
	（十二）种——种子客户培养
	（十三）接——对接人脉
五、培训教育系统	（十四）培——建立系统
	（十五）训——适当囤货
六、推广传播系统	（十六）微——微信系统
	（十七）公——公众号运营
	（十八）引——引流系统
	（十九）文——引商文案
	（二十）网——网红系统
	（二十一）霸——霸屏系统
	（二十二）神——造神运动

七、移动电商（新零售）小白锐变大咖——培训的葵花宝典

序号	第几天	分类	阶段	课程名称	时长
1	第1天	新手类课程（小白）	第一阶段	新零售七大思维	1小时
2	第2天			什么是微信营销	1小时
3	第3天			关于新零售新手的注意事项	1小时
4	第4天			加粉秘籍	1小时
5	第5天			新零售必须知道的几个技巧	1小时
6	第6天			新零售营销生活化与新零售组织架构正规化	1小时
7	第7天			新零售朋友圈打造第一步	1小时
8	第8天			新零售朋友圈精准打造28种方法	1小时
9	第9天			朋友圈营销	1小时
10	第10天			新零售朋友圈写作文案技巧大放送	1小时
11	第11天		第二阶段	新零售朋友圈怎么晒，看这一篇就够了	1小时
12	第12天			做新零售，朋友圈怎么经营才不会被屏蔽	1小时
13	第13天			新手新零售最有效的入门营销方法	1小时
14	第14天			2016年新零售朋友圈铺垫大趋势	1小时
15	第15天			新零售朋友圈的打造	1小时
16	第16天			做新零售具体怎么加好友找客源	1小时
17	第17天			新零售成交系统	1小时
18	第18天			新零售如何破局	1小时
19	第19天			新手入门营销方法	1小时
20	第20天			新零售，如何让客户不嫌你的产品贵（1）	1小时
21	第21天		第三阶段	新零售，如何让客户不嫌你的产品贵（2）	1小时
22	第22天			简单实用的朋友圈文案速成法则	1小时
23	第23天			新零售怎么卖货才赚钱	1小时
24	第24天			新零售客户成功策略——精准引导客户购买	1小时
25	第25天			只需4步，把陌生人转变为你的忠实客户	1小时
26	第26天			90%的新零售根本不会群发	1小时
27	第27天			新零售看懂这篇文章，被拉黑的概率降低80%	1小时
28	第28天			还在发愁朋友圈有粉丝却没销量吗 教你六招迅速提升活跃度	1小时
29	第29天			新零售最容易犯的7个错误	1小时
30	第30天			新手新零售如何一个月成功逆袭为大咖	1小时

续表

序号	第几天	分类	阶段	课程名称	时长
31	第31天	新手类课程（小白）	第四阶段	新零售想赚钱，必须学会开发陌生人市场	1小时
32	第32天	新手类课程（小白）	第四阶段	聪明新零售必知的10大销售"潜规则"	1小时
33	第33天	新手类课程（小白）	第四阶段	新零售干货：不会顾客管理的新零售不是好新零售	1小时
34	第34天	新手类课程（小白）	第四阶段	分享——新零售如何让你的粉丝爱上你	1小时
35	第35天	新手类课程（小白）	第四阶段	为什么囤了货却卖不出去	1小时
36	第36天	新手类课程（小白）	第四阶段	总结	1小时
37	第37天	新手类课程（小白）	第四阶段	朋友圈如何加到高质量粉丝	1小时
38	第38天	新手类课程（小白）	第四阶段	你为什么加不到粉丝？	1小时
39	第39天	新手类课程（小白）	第四阶段	6个月，我是如何将公号粉丝从9000做到10万的	1小时
40	第40天	新手类课程（小白）	第四阶段	新零售新手涨粉的必经之路	1小时
41	第41天	中级类课程（代理）	第五阶段	如果顾客说"不"，这样搞定他	1小时
42	第42天	中级类课程（代理）	第五阶段	如何让代理死心塌地的跟着你一起赚钱	1小时
43	第43天	中级类课程（代理）	第五阶段	做新零售，千万不能错过的销售技巧	1小时
44	第44天	中级类课程（代理）	第五阶段	新零售快速成交五步曲，100%成交方法	1小时
45	第45天	中级类课程（代理）	第五阶段	如何和你的粉丝发生"关系"	1小时
46	第46天	中级类课程（代理）	第五阶段	微信营销没效果？试试暧昧心理的撒娇营销	1小时
47	第47天	中级类课程（代理）	第六阶段	新零售如何提高自己的业绩	1小时
48	第48天	中级类课程（代理）	第六阶段	新零售卖货想快速成交，这些消费者心理你一定得掌握	1小时
49	第49天	中级类课程（代理）	第六阶段	如何掌握客户心理促单成交	1小时
50	第50天	中级类课程（代理）	第六阶段	新零售卖货你不得不知道的5个小技巧	1小时
51	第51天	中级类课程（代理）	第六阶段	如何与陌生人交谈而轻松达成销售	1小时
52	第52天	中级类课程（代理）	第六阶段	新零售这样维护粉丝，成交率立马提升80%	1小时
53	第53天	中级类课程（代理）	第七阶段	给你一群人，你如何打造成新零售一流团队	1小时
54	第54天	中级类课程（代理）	第七阶段	如何成为一个优秀的团队领袖，让代理为你卖力	1小时
55	第55天	中级类课程（代理）	第七阶段	新零售快速招收代理的一些小妙招（纯实战）	1小时
56	第56天	中级类课程（代理）	第七阶段	如何打造团队的执行力	1小时
57	第57天	中级类课程（代理）	第七阶段	怎样增强新零售团队的凝聚力	1小时
58	第58天	中级类课程（代理）	第七阶段	新零售如何建立自己的团队	1小时

续表

序号	第几天	分类	阶段	课程名称	时长
59	第59天	绝密成交训练系统	第八阶段	20种绝对成交技巧	1小时
60	第60天			说服话术	1小时
61	第61天			新零售加粉，到底难在哪	1小时
62	第62天			新零售成交必备话术，句句神回复！你懂的	1小时
63	第63天			新零售成交话术规划的5大技巧	1小时
64	第64天			话术：你从未使用过这些新零售话术	1小时
65	第65天			高效成交的新零售销售技巧和话术	1小时
66	第66天			新零售话术以及朋友圈营销策略	1小时
67	第67天			小微客户营销话术	1小时
68	第68天		第九阶段	绝对成交话术	1小时
69	第69天			"绝对成交"秘诀经典总结	1小时
70	第70天			成交借口的"九大癌"及对策	1小时
71	第71天			10天将你打造成销售特工	1小时
72	第72天			发问技巧	1小时
73	第73天			绝对成交课程	1小时
74	第74天			总结	1小时
75	第75天	高级类课程（大白）	第十阶段	个人品牌打造	1小时
76	第76天			公众号运营套路大揭秘！弄懂这些保证老板不骂你	1小时
77	第77天			如何用直销模式做新零售	1小时
78	第78天			客户必买的五大步骤	1小时
79	第79天			如何打造最强大脑	1小时
80	第80天			如何举办线下沙龙	1小时
81	第81天			如何快速地把货卖出去	1小时
82	第82天			塑造个人品牌的三大秘籍	1小时
83	第83天			社群营销常规模块与框架流程运作解析	1小时
84	第84天			如何成为新零售成交高手	1小时
85	第85天		第十一阶段	新零售朋友圈的打造	1小时
86	第86天			新零售如何操盘	1小时
87	第87天			新零售如何运营	1小时
88	第88天			新零售如何做好成交	1小时
89	第89天			新零售如何做好全网引流	1小时
90	第90天			新零售谈判技巧	1小时

续表

序号	第几天	分类	阶段	课程名称	时长
91	第91天	高级类课程（大白）	第十一阶段	新零售团队如何裂变	1小时
92	第92天			10招打造新零售最牛营销文案	1小时
93	第93天			做新零售需要注意哪些环节	1小时
94	第94天			如何高效打造强关系优质人脉圈	1小时
95	第95天		第十二阶段	高效执行力与团队建设	1小时
96	第96天			新零售五五倍增模式	1小时
97	第97天			新零售如何进行团队建设？+发展+规划+管理	1小时
98	第98天			如何利用社会化媒体营销做好新零售	1小时
99	第99天			如何提升新零售团队的职业素养	1小时
100	第100天			如何做好微信营销	1小时
101	第101天			微信营销是什么？新零售是怎样利用朋友圈营销的呢	1小时
102	第102天			新零售公众演说力	1小时
103	第103天			新零售如何打造属于自己的社群	1小时
104	第104天			新零售商业模式	1小时
105	第105天		第十三阶段	新零售团队凝聚力	1小时
106	第106天			新零售引流100种方法	1小时
107	第107天			新零售运营方案	1小时
108	第108天			新零售运营需要注意四点	1小时
109	第109天			团队代理——注意事项	1小时
110	第110天			新零售做营销时需要注意的细节	1小时
111	第111天			微信运营：微信群营销的十大攻略	1小时
112	第112天			微营销培训	1小时
113	第113天			做新零售的禁忌心理	1小时
114	第114天			做新零售的三大禁忌，千万别犯	1小时

八、转型与共享成功的案例汇总

企业转型成功案例

案例1：淳美（内衣采购平台）

背景：传统厂家基本是代理模式，中间层面较多，吊牌价高，消费者体验感一般。

转型方向：平台化，直接面对消费者，中间层面由创客管理和开发，直接把中间成本砍掉，把吊牌价革命性降低，同时为终端客户提供免费培训的增值服务。

微谷服务：1. 微谷产品——微谷·转型公馆——"互联网+转型新零售"。

2. 微谷产品——微谷·智慧堂——微信营销。

成功点：两个月时间，通过微信营销等全面招商，在行业内受到广泛好评。

案例2：梦含（内衣）

背景：传统无钢圈内衣的功能定位基本都是健康和舒适，没有品牌定位，绝大多数品牌在没有强大后盾的掩护下，在品牌如林的竞争下逐渐消亡。

与微谷合作前：品牌销售盈亏平衡。

与微谷合作后：1年内销售量增加350%以上。

转型方向：重启品牌定位，在品牌细分领域寻找第一。通过大量调研发现，许多品牌都在过独木桥，而"梦含520"则突出重围，其定位针对的是大胸女性，做大胸女性的守护神。广告语：专注无钢圈、领航大罩杯！

微谷服务：1. 微谷智·智慧堂——提供品牌策划。

2. 微谷·盈销——提供招商服务。

成功点：找到了品牌之魂，拉开竞争对手，在消费者和受众中树立"大"的印象。首先让别人记住，其次不停地深化研发、推广和服务。用铁锤般的精神铸造品牌。

案例3：可丰满（丰胸内衣）

背景：传统系列化产品正在下滑，满足客户需求的、能够解决客户痛点的产品正在崛起。

与微谷合作前：传统品牌面临困境。

与微谷合作后：3个月的销售和招商是过去一个品牌一年的销售和招商。

转型方向：单品引爆。抓住女性丰胸"难""贵""效果不好""难以持续"的痛点，通过穿戴丰胸内衣，"越穿越大"！

微谷服务：1. 微谷智·智慧堂——提供品牌策划。

2. 微谷·盈销——提供招商服务。

成功点：找到了品牌之魂——很容易地"丰胸"！

案例4：新凤舞（家居服饰）

背景：传统家居服饰品牌正在消亡，亟待打造新风格、新定位品牌。

与微谷合作前：品牌很难在众多家居品牌中突出。

与微谷合作后：在传统家居品牌直线下滑的背景下，其以78%的速度增长。

转型方向：重启品牌风格定位。在家居品牌"新中式"细分领域寻找第一。品牌首席设计师陈丽萍女士将"青花瓷"元素植入每次新品的形象款，创造了品牌"视觉"和"印象"，从而为品牌奠定了坚实基础。

微谷服务：1. 微谷智·智慧堂——提供品牌策划。

2. 微谷·盈销——提供招商服务。

成功点：为品牌植入"青花瓷"的元素，通过长年累月的积累，奠定了在细分领域"新中式"家居的领导地位。

案例5：纯真日记（卫生巾）

背景：传统卫生巾已进入红海市场，市场基本被知名品牌抢占，用传统思维和模式很难突围。

与微谷合作前：传统卫生巾市场饱和。

与微谷合作后：在新的市场、用新的产品和模式突围。

转型方向：跨界。纯真日记从原来女生一个月20~50元的用量，提升品质，提升颜值，把用户价值链延长。主要内容是：

398元/盒卫生巾，约一个多月的用量。

赠送10年免费的卫生巾。

赠送价值2498元的净水器一台。

赠送港澳地区六天五夜游。

赠送价值19800元的线上课程。

赠送价值19800元的小孩7天夏令营训练。

微谷服务：1. 微谷智·智慧堂——提供品牌策划。

2. 微谷·盈销——提供招商服务。

成功点：拉开与传统品牌的差距，寻找客户价值差异点，无线延长产品利润线，前端不赚钱，赚后端和流量的钱。

案例6：婷媚·云集（零售连锁）

背景：传统零售陷入困境，用传统思维和模式很难突围，必须用新的模式才能塑造核心竞争优势。

转型方向：用会员制的方式解决。内衣服饰整店输出，以"互联网+体验+会员制+分享"的方式做连锁。

微谷服务：1. 微谷智·智慧堂——提供品牌策划。

2. 微谷·盈销——提供招商服务。

案例7：七天好闺蜜（女性经期内衣连锁）

背景：传统内衣已进入死胡同，用特色的内衣打开市场。

与微谷合作前：传统连锁已趋饱和，新、奇、特产品亟待开启。

与微谷合作后：七天好闺蜜，1个月招商300家。

转型方向：打造品类冠军。

微谷服务：1. 微谷智·智慧堂——提供品牌策划。
2. 微谷·盈销——提供招商服务。

九、相关企业家及企业情况简要介绍

（1）作者：周高云

共享模式创始人、《转型与共享》作者、中山大学MBA、微谷营销创始人。

（2）作者：齐建朋

共享销售战神、《转型与共享》作者、亚洲招商大学校长、微谷营销创始人。

（3）立妃卫生巾创始人：陈菲

立妃卫生巾 CEO。此品牌定位为中国中高端卫生巾，主要渠道：移动电商、实体店铺、微商。

（4）量子袜子——金采尚品创始人：金日强

金采尚品能量袜系列，能加速微循环，调理各种亚健康。

（5）形象设计大师：黄炎森

森视品牌形象设计创始人，主要服务中高端内衣品牌店铺设计，平面包装设计。

(6) 佛山纳芙服饰有限公司董事长：管恩杰

首创养护内衣，主要研发推广养护文胸、内裤。

(7) 秀服网创始人：夏尚文

中国服饰、内衣共享平台和网站创始人。

主要服务为：品牌展示、招商、采购和新品发布。

(8) 新凤舞家居服 CEO：陈丽萍

新凤舞为中国中式家居服开创者，其关键元素"青花瓷"引领了家居服的风尚。

"她妃"为新凤舞姊妹品牌，主要产品为：无钢圈内衣和睡眠内衣。

（9）可丰满丰胸内衣创始人：黄应鹏

可丰满主要功效为"越穿越大"的文胸。四大专利技术，四颗锗元素石头，美背设计为该品牌奠定了"丰胸内衣"领导品牌地位。

（10）四川婷媚云集创始人：胡森峰

婷媚云集微电商创始人。

移动新零售内衣销售平台。

（11）成都市红红红内衣连锁创始人：胡新平

成都市红红红内衣。

中国十大优秀代理商。

全国十大王牌代理。

巴蜀内衣优秀运营商。

（12）美速塑身内衣创始人：张春辉

职务：总经理。

打造中国女性标准修复内衣第一品牌。

（13）家酿黄金酒创始人：宋燕斌

家酿黄金酒创造人。

可根据需要定制包装；家庭宴会，企业礼品的最佳选择。

（14）爱戴健康内衣集团创始人：周绪泽

深圳市爱戴内衣有限公司董事长。

广东艾慕内衣有限公司董事长。

（15）爱黛爱美总经理：陈兆柱

爱黛·爱美品牌创始人，专注于全生态零感养护内衣的开发和研究。

（16）创雅诺内裤研发总监：何诗敏

贴身内裤主要领导品牌。

（17）纯真日记卫生巾创始人之一：陈秋娟

"互联网+"卫生巾品牌。

其用"新零售""免费"的模式开创了行业先河。

(18) 微她平台创始人之一：张璐

微她采购平台。

内衣 B2B 平台。

内衣零售店的网上订货商城。

(19) 梦含大罩杯内衣开创者：黄奕金

梦含——中国大罩杯内衣领导品牌之一。

用健康促成中国梦实现。

(20) 普岚度内衣总经理：李想

佛山琴米欧饰有限公司、佛山普岚度内衣有限公司总经理。

（21）集美时尚商贸有限公司：何月珍

职位：董事长

深圳区域独家代理品牌：纳芙夫人、缪斯的诱惑、媛秀、易缇秀、芬腾、富妮来、新凤舞、茜木等国内知名品牌。

（22）她妃内衣创始人：陈丽萍

23小时全能呵护健康内衣。

（23）新美婷内衣创始人：张加钦

专业为内衣连锁、知名品牌贴牌、加工，1000余名熟练生产工人，先进生产设备，专业、专注20年内衣生产、设计。

（24）FIVEER化妆品创始人：程丽芳

公司：湖南优颜堂商贸有限公司

职务：总经理

FIVEER 为湖南优颜堂商贸有限公司旗下标杆品牌，其微乳化生物技术（国家专利号：201510171871.4）开创行业先河。

（25）佛山茴蔚服饰：许大庆

全国性的品牌包款生产，省级代理商和大型连锁的拼单生产。

（26）怡兰芬董事长：柯庆海

中国健康少女内衣。

（27）广东宸际内衣生物科技有限公司总经理：方凯潼

优养+保健功能养塑衣——养塑美体方案，为身体构筑一个活化生命能量

的生命屋。

（28）自然宣颜化妆品创始人：付少华

自然宣颜化妆品创始人。

（29）浙江你的课网络科技CEO：陈惠兵

网络自动化第一人。

你的课创始人。

网络营销培训界大咖级老师。

（30）玛尚门业创始人：唐裕民

中国高端定制、时尚门窗。

(31) 广州开心小厨蛋糕 CEO：王东坡

专业定制高端生日蛋糕、节日聚餐、公司年会、时尚宴会糕点。

(32) 时歌传媒创始人：时歌

内衣、餐饮、酒店、时尚会所、美容美发、服饰等行业广告方案的解决者。

(33) 玲珑内衣创意空间 CEO：罗顺兴

原嘉莉诗内衣创始人。

玲珑创意空间 CEO。

世界上最轻内衣研发者。

（34）内衣频道传媒 CEO：周德生

内衣、服饰、童装专业杂志和刊物媒体人。

（35）唯尚企划 CEO：彭军

专注品牌策划，市场推广，VIS、SIS、BIS 等形象设计。

（36）润达会计师事务所 CEO：庄爱民

主要从事投融资及企业内部财务体系咨询与管理。

（37）广东腾领袖创始人：张朝豪

自动化微信营销手机，1 台手机登录 11 个正版微信，不封号。

（38）内衣视界全媒体联合创始人：杨玲

知名媒体《内衣视界报》，主要服务内衣、化妆品、童装、服饰等行业，承接广告等。

（39）南昌永兴隆服饰总经理：张晶

主要从事内衣、保暖、家居、袜业批发。

（40）内衣视界全媒体联合创始人：蔡文敏

内衣视界全媒体联合创始人、服饰行业传媒大咖。

（41）网络营销高手：郑俊雅

资深网络营销专家。

专注网络营销12年。

擅长视频营销、微信自动化营销、社会化营销、品牌营销、百度营销等。

《网络营销168招》作者。

（42）南京皇甫世家服饰总经理：皇甫陆凤

南京皇甫世家服饰为江苏大型内衣、针织、小裤、袜业知名代理商。

（43）生平培训公司总经理：涂生平

专注于建材行业《公司化运营与管理》《标准化销售流程》培训。

（44）景宁广善科技有限公司总经理：陈毅兵

移动新零售创始人。

去脚气、灰指甲科技袜创始人。

（45）浙江洁丽雅股份：林喜

浙江洁丽雅为中国毛巾生产、印染、原材料种植的大型生产企业。

（46）赫尔·简形象设计师：Celine

中国形象设计大师。

专业从事商务、政界人士的形象装扮培训及咨询服务。

（47）玖琦养生衣中国区总裁：张丽

（48）广东纯五季茶油：程春华

纯五季茶油创始人。

茶油生产基地占地上百亩，有近3万亩的茶油种植园，是种植、生产、加工、服务一条龙的大型茶油企业。

深加工产品：茶籽油、香精、补水霜、洗护产品等。

（49）广州速塑内衣有限公司执行董事：黄茗

中高端养身塑形内衣品牌。

整店输出，单店盈利能力超越同行200%，加盟存活率99%。

（50）佛山富德源珠宝有限公司总经理：李牧祥

广东省高级工艺美术师。

广东玉雕大师。

（51）春秋养生衣总经理：欧阳友辉

中山大学EMBA。

春秋养生衣创始人。

（52）云山邮农家特产购物平台总经理：陈永红

中山大学 EMBA。

云山邮农家特产购物平台创始人。

为广大消费者提供农家无污染、健康食品。

（53）香港风尚玫瑰内衣连锁董事长：王建华

广东省优秀内衣连锁商。

中国十大内衣代理。

（54）昆明针织总经理：丁俞文

昆明螺蛳湾批发市场针织类大户。

(55) 体感内衣创造者：吴名涛

体感内衣创造者。

广东世泰服饰有限公司董事长。

3秒即热，超薄发热打底暖衣发明人。

"我是爆品"先行者。

(56) 知名自媒体《内衣云》传媒创始人：胡见明

《内衣云》创始人之一。

(57) 知名自媒体《内衣云》传媒创始人：胡川徽

《内衣云》创始人之一。

(58）天资帼色健康内衣创始人之一：刘金丽

天资帼色健康内衣创始人之一。

（59）桂城纵横会所创办人：张建华

纵横会所创办人。

"太极养生普洱茶"发起人。

（60）娇点针织董事长：邓建国

新疆娇点针织、广西娇点针织董事长。

（61）雅丝琳内衣连锁董事长：虞国仁

中国优秀内衣连锁商。

（62）佛山正丰食品董事长：曾凡常

佛山正丰馅料、月饼。

（63）广东姣莹内衣：蔡达

内衣行业资深设计师、营销师。

(64)浙江博仁内衣总经理:吴有良

博仁内衣总经理。

枫之欣内衣创始人。

(65)"俏百味"酸菜女神:陈敏

俏百味酸菜女神。

第一个互联网+酸菜品牌。

(66)中山臻达进出口有限公司销售总监:陈新花

外贸综合服务。

（67）湖南汉青文化传播有限公司董事长：彭世满

湖南善卷故里旅游文化公司总经理。

湖南汉青文化传播有限公司董事长。

主营业务：旅游景区规划、特色小镇策划及落地指导。

（68）中山圣代照明灯饰有限公司董事长：唐小菊

主营业务：节能灯变压器生产、贴牌。

（69）永恒诱惑、FIVEER 培训总监：曾春花

主营业务：美容院束身衣、顶级化妆品品牌销售。

后　记

在这个信息、产品、竞争大爆炸的时代，企业不仅面对着国内同行业的竞争，国际竞争也是异常激烈。不转型，无异于等死！

《周易·系辞下》有言："穷则变，变则通，通则久。"简单的几个字却包含着朴素的辩证法思想：世间万物，都要经历一个发生、发展和衰落的过程，处于衰落阶段时，必须主动变化，以谋出路。思维固化，因循守旧，只能被淘汰出局；反之，根据环境需要而做出相应调整，就可以绝处逢生，让自己得到一线生机或者获得新的希望。

在过去的发展中，传统企业也做出了巨大的成绩，很多企业甚至还做成了行业老大。可是，如今的社会大环境已经发生了变化，为了让自己走得更加平稳，为了不让自己多年的努力白费，就要静下心来，转变思维，放低姿态，虚心学习。

互联网的发展，对于传统企业来说，既有挑战，也有机遇。所谓的挑战就是消费群体发生了变化、人们的消费观念发生了变化、市场环境发生了变化……所有的这些改变，都让传统企业始料不及，传统企业必须努力想办法迎难而上，才能获得一线生机。

而所谓的机遇就是，只要传统企业能够改变观念，采用新的经营模式，顺应时代发展的潮流，就可以获得发展，甚至还能抓住新的机遇。处于时代转型的十字路口，传统企业必须将目光放长远，巧妙解决企业发展中遇到的问题，主动转型，谋定而后动！

在本书出版过程中得到了很多朋友的大力支持，他们是新凤舞家居陈丽萍女士，怡兰芬少女内衣柯庆海先生，淳美内衣高明宝先生、张璐女士，可

后 记

丰满黄应鹏先生，内衣秀时歌、内衣频道周德生，恩师湖南汉青文化董事长彭世满先生，量子袜金采尚品创始人金日强先生，四川红红红内衣胡新平先生，FIVEER 化妆品程丽芳女士，浙江你的课网络科技陈惠兵，家酿酒宋燕斌先生，蚕的诱惑卫生巾刁宸宇先生，爱戴时尚内衣周绪泽先生，新美婷内衣张加钦先生，爱黛·爱美陈兆柱先生，梦含黄奕金先生，立妃卫生巾陈菲女士，普岚普李想先生，森视设计黄炎森先生，深圳蓝月亮何月珍女士，"俏百味"酸菜女神陈敏女士，香港卡罗蜜内衣连锁曾海利先生，茵蔚服饰许大庆先生，开心小厨王东坡先生，优养+方凯潼先生，纯真日记陈秋娟女士，创雅诺何诗敏小姐，纳芙夫人管恩杰先生，秀服平台夏尚文先生，浙江博仁服饰吴有良先生，唯尚企划彭军先生，润达会计师事务所庄爱民先生，网络营销专家郑俊雅先生，内衣视界报蔡文敏先生、杨玲女士，腾领袖创始人张朝豪先生，玛尚高端定制门窗唐裕民先生，玲珑创意空间罗顺兴女士，南昌永兴隆服饰张晶、林笑星夫妇，南京皇甫世家服饰皇甫大姐，生平培训公司涂生平，广善科技陈毅兵先生，浙江洁丽雅股份林喜先生，赫尔·简形象设计师 Celine、周美容女士，佛山富德源珠宝有限公司李牧祥先生，速塑黄茗女士，纯五季茶油程春华先生，玖琦养生衣中国区总裁张丽女士，春秋养生衣创始人欧阳友辉先生，云山邮农特产品购物平台陈永红先生，香港风尚内衣连锁王建华夫妇，佛山正丰食品曾树林，雅丝琳内衣连锁董事长虞国仁，广西娇点针织董事长邓建国，桂城纵横会所创办人张建华，天资帼色健康内衣创始人之一刘金丽，知名自媒体《内衣云》传媒创始人胡川徽先生和胡见明先生，3秒发热打底暖衣创始人吴名涛先生，昆明针织总经理丁俞文女士，广东姣莹内衣总经理蔡达，中山臻达进出口有限公司销售总监陈新花，秀服网 CEO 夏尚文，美速张春辉，圣代照片唐晓菊，永恒诱惑、FIVEER 曾春花等（排名不分先后）。感谢他们不遗余力的付出，才有了这本书的出版。同时也感谢北京华夏智库董事长及其团队日夜兼程地审稿、修编，才能让本书顺利出版！